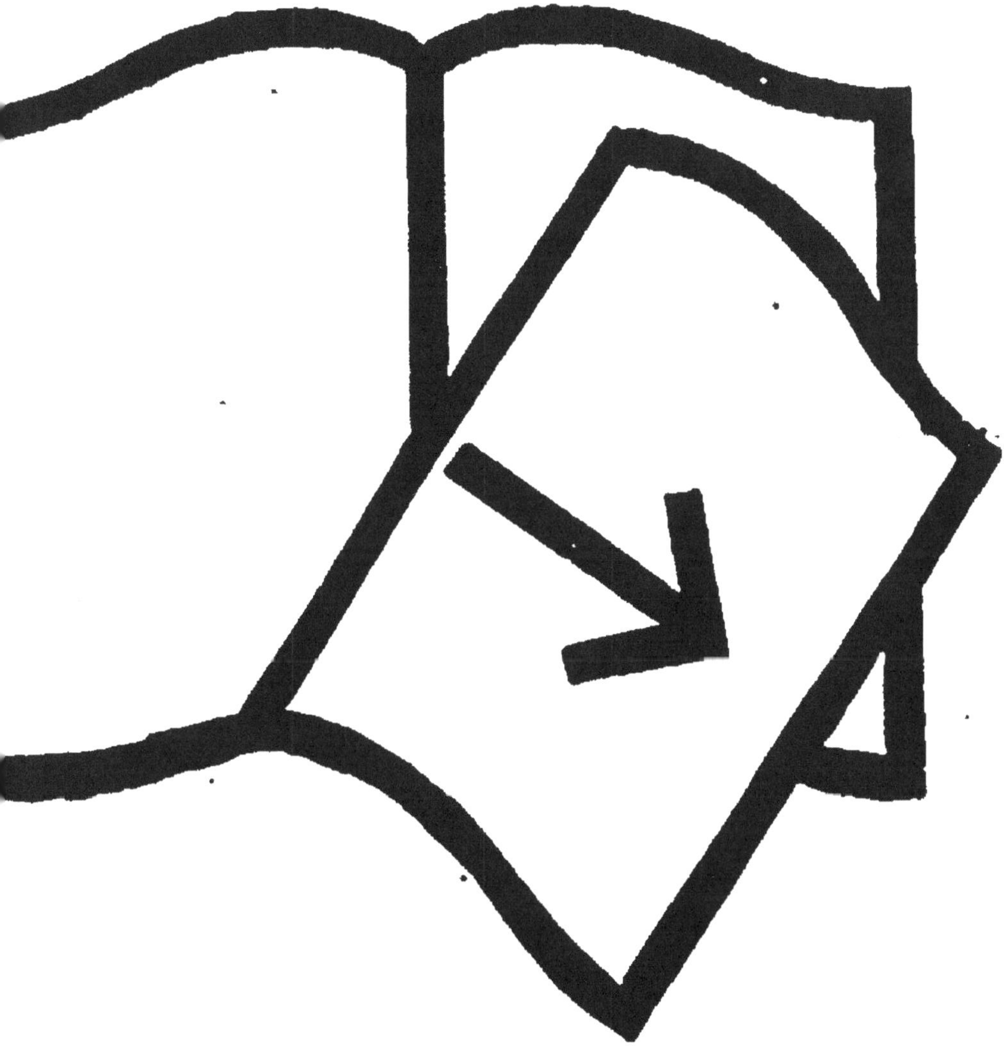

Couverture inférieure manquante

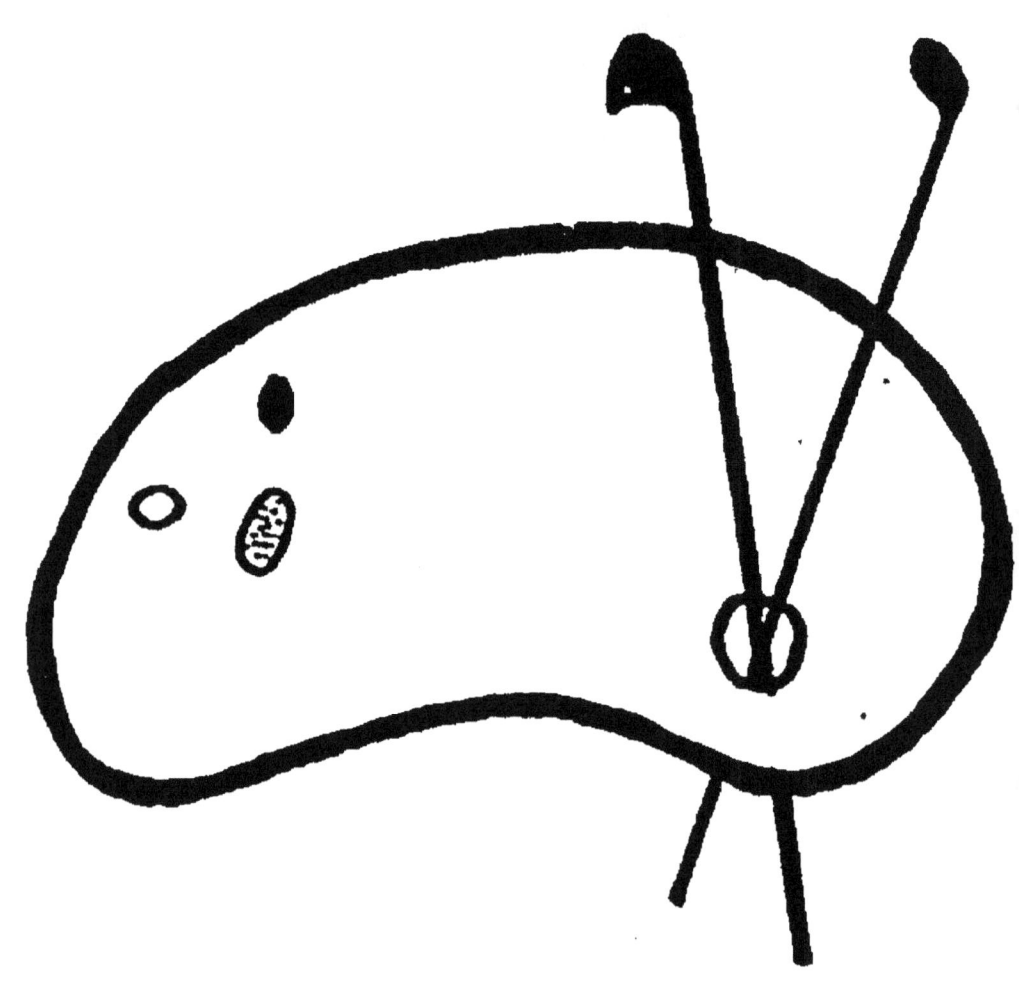

DEBUT D'UNE SERIE DE DOCUMENTS
EN COULEUR

DE LA

CONDITION DES PERSONNES

CHEZ

LES BASQUES FRANÇAIS

JUSQU'EN 1789

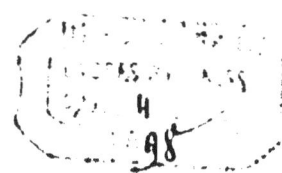

PAR

ÉTIENNE RITOU

AVOCAT

DOCTEUR EN DROIT

BAYONNE

IMPRIMERIE A. LAMAIGNÈRE, RUE JACQUES LAFFITTE, 9

1897

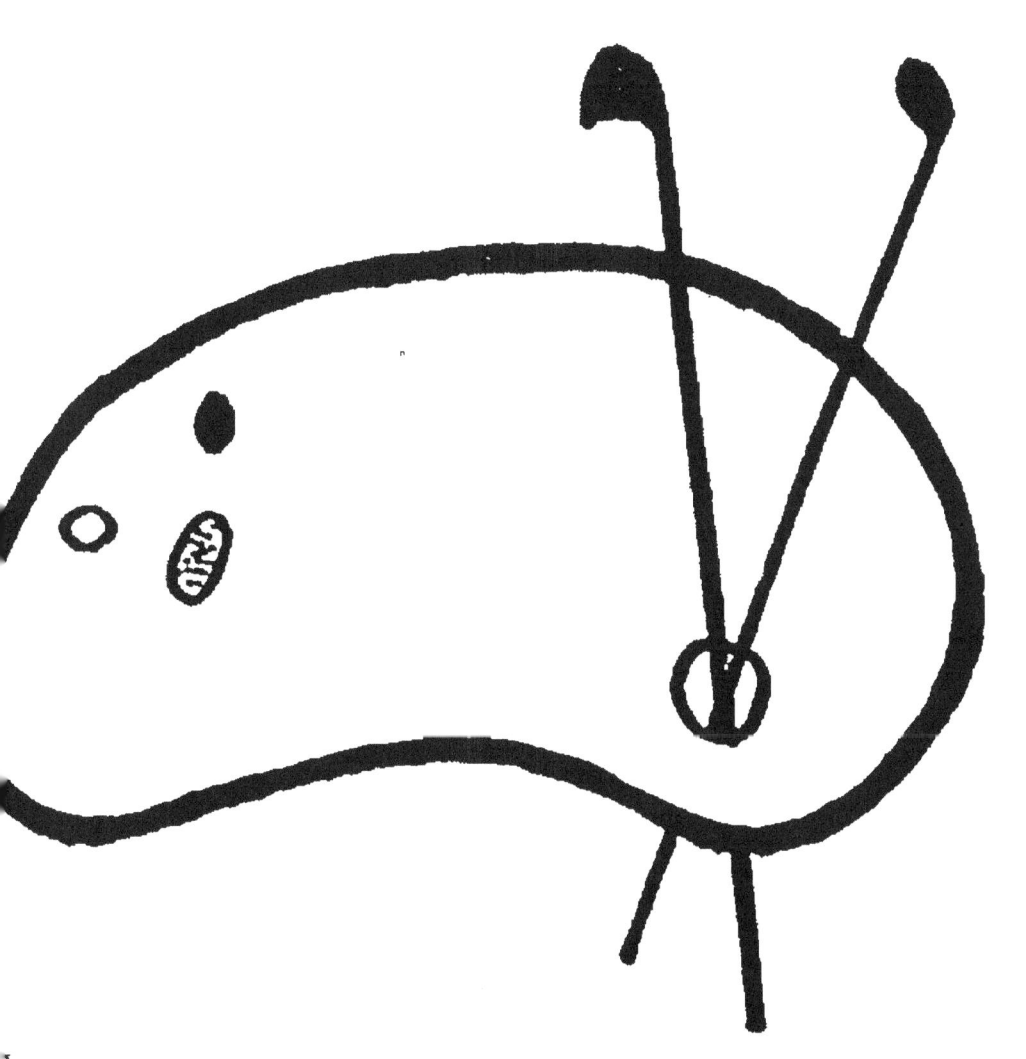

FIN D'UNE SERIE DE DOCUMENTS EN COULEUR

DE LA
CONDITION DES PERSONNES

CHEZ

LES BASQUES FRANÇAIS

JUSQU'EN 1789

PAR

Étienne RITOU

AVOCAT
DOCTEUR EN DROIT

BAYONNE

Imprimerie A. Lamaignère, rue Jacques Laffitte, 9

1897

INTRODUCTION

Edozoin choriri eder bero habia (1) : « Il n'y a pas d'oiseau à qui son nid ne paraisse beau », dit un proverbe basque, dénonçant sous cette forme métaphorique l'existence du lien mystérieux qui rattache l'être en général au lieu de sa naissance. Ce penchant naturel, commun à tous les peuples, et que certains auteurs ont désigné, à tort selon nous, sous la dédaigneuse qualification de « patriotisme local », le Basque semble l'éprouver plus que tout autre. L'exposé de son vieux droit indigène nous en révélera des traces à tout instant, et de nos jours encore il n'est pas nécessaire de faire une étude très approfondie de ce peuple pour trouver qu'il n'a pas changé à ce point de vue.

Quant à nous, c'est aussi ce sentiment qui nous a dicté le choix d'un pareil sujet à l'occasion de nos dernières épreuves universitaires. Toutefois, il est à remarquer que les auteurs basques ont toujours parlé de leur pays avec amour, avec enthousiasme, et quelques-uns avec fanatisme et exagération. Désireux avant tout de faire de l'histoire et

---

(1) Ce proverbe se trouve dans le Recueil d'Oihenart sous le n° 123. On pourra remarquer que l'orthographe en a été modifiée par nous. Comme le même fait pourra se reproduire dans la suite, nous renvoyons pour son explication à l'étude de l'*Eskuara* ou idiome basque que renferme notre *Introduction*.

non du roman, nous éviterons autant que possible de donner dans ce travers, qui est particulièrement blâmable chez le juriste, et dans cet exposé de l'ancien droit indigène des Personnes, les textes seront nos guides et l'impartialité notre règle.

La vie des peuples n'est qu'une série de transformations continuelles, et leurs évolutions politiques, plus spécialement enregistrées par l'histoire, n'en sont pas la seule preuve ; leur type fondamental s'altère par les croisements ; leurs mœurs évoluent vers le progrès ou la décadence ; leur langue se transforme au point de devenir méconnaissable dans l'espace de quelques siècles à peine ; et leur législation, sujette aux mêmes vicissitudes, n'offre pas plus de stabilité que tout le reste.

S'il est un peuple qui ait subi moins que les autres cette loi universelle du changement, c'est assurément le peuple basque ou Eskualduna.

Assise sur la partie occidentale des Pyrénées qui avoisine la mer, la population basque ne comprend pas aujourd'hui plus de sept ou huit cent mille âmes en France et en Espagne. Elle occupe dans ce dernier pays les quatre provinces de Biscaye, Navarre, Alava et Guipuzcoa. Les Basques Français, au nombre de cent quarante mille environ, occupent en étendue un peu plus du tiers du département des Basses-Pyrénées et sont répartis dans les trois provinces de Labourd, Soule et Basse-Navarre. Leur pays s'étend au Nord jusqu'aux limites de Biarritz, Anglet et Bayonne ; il est borné : à l'Ouest, par l'Océan ; au Sud, par les Pyrénées ; à l'Est, par une ligne courbe qui le sépare du Béarn, en longeant les limites des cantons d'Oloron, de Navarrenx et de Sauveterre. Il faut remarquer toutefois que cette ligne forme d'assez fortes échancrures, notamment celle du village souletin d'Esquiule qui appartient au canton d'Oloron, et celle de la commune gasconne de Labastide-Clairence qui pénètre en forme de presqu'île dans le Labourd (1).

Unis par la parenté du sang et la communauté de la langue, les Basques de France et d'Espagne, quoiqu'on ait pu dire à ce sujet, ont conservé d'une façon bien sensible l'homogénéité de leur race ; les traits essentiels du caractère basque s'affirment encore chez les sujets des sept provinces d'une façon à peu près uniforme et l'on peut, à ces divers titres et sous la seule réserve de la distinction des nationalités auxquelles les rattache la politique moderne, leur appliquer la devise : *Zaspiak bat* (2), qui signifie pour eux que les sept provinces n'en font qu'une.

Mais cette empreinte de haute antiquité que le peuple basque est si fier de porter avec lui, les Basques Français l'ont conservée certainement plus intacte que leurs frères d'Espagne et l'affirmation peut se soutenir à plusieurs points de vue : l'intégrité de la race d'abord s'est maintenue dans une proportion plus grande chez les Basques Français, ainsi qu'on le verra dans la suite ; la langue s'est

---

(1) Voir pour plus de précision la *Nouvelle Géographie universelle* d'Elisée Reclus, tome II, page 86.

(2) Traduction littérale : *Les sept une.*

moins altérée chez eux que chez les Basques Espagnols ; l'étude de la famille basque et des *Coutumes* qui la réglementaient nous prouvera de même que le vieux droit privé indigène ne s'est perpétué que chez les Basques Français qui l'ont appliqué, dans toute son originalité, jusqu'à la publication du Code civil. Mais en droit public, ce sentiment d'indépendance, commun à tous les Basques, a valu aux habitants des sept provinces une longue jouissance de leurs privilèges appelés *Fors* par le droit coutumier français et désignés par les Espagnols sous le nom de *Fueros*. La violence de la Révolution française a eu seule raison des privilèges du pays basque français. Les Basques Espagnols ont été assez heureux pour garder plus longtemps leurs *fueros*. Mais il est à prévoir qu'ils ne tarderont pas à en porter le deuil définitif ; et déjà même le culte attendri dont ils continuent à entourer le vieux chêne de Guernica (Biscaye) aurait plutôt sa raison dans l'histoire que dans l'actualité.

Dans ce travail qui a pour but de noter certaines particularités relatives aux Personnes dans l'ancien droit public ou privé des Basques, il ne sera question que des Basques Français chez qui ces particularités s'étaient le mieux conservées. Ce n'est qu'accessoirement et aussi rarement que possible que nous serons amené à parler des Basques Espagnols qui, en principe, ne sont pas directement visés dans cette étude.

Mais avant d'aborder les particularités juridiques des Basques et pour mieux les apprécier, il n'est peut-être pas sans utilité d'esquisser rapidement les autres curiosités de ce peuple, c'est-à-dire : son origine, sa langue, son histoire.

I. — LE PROBLÈME DE SON ORIGINE

Les premières lueurs de l'histoire nous montrent le plateau central de l'Asie évacuant vers nos régions des peuplades nombreuses connues sous le nom d'Aryas et qui, échelonnées par bandes dans l'ordre de leurs migrations successives, marchèrent jusqu'au jour où, parvenues sur les bords de l'Atlantique, elles furent obligées de s'arrêter pour se partager le terrain qu'elles avaient occupé.

Devant ce fait, qui est généralement admis par la science, se pose la question de savoir si les pays couverts par l'invasion aryenne n'étaient pas déjà habités. La linguistique tranche la question par l'affirmative en nous montrant au milieu de l'inondation générale où les langues préaryennes devaient nécessairement sombrer, quelques îlots épars qui, plus tard, devaient être, aux yeux de la science, une attestation vivante de l'existence des peuples préaryens. Des mœurs primitives de ces peuples, il ne nous reste que de bien faibles survivances, et nous ne saurions guère les reconstituer aujourd'hui sans le témoignage des premiers écrivains qui les connurent à des époques plus proches que la nôtre de leur état originaire. Quant à leurs langues, elles nous sont parvenues dans un état d'intégrité tout à fait relative, altérées forcément par le contact de l'idiome des envahisseurs, mais assez intactes dans leur substance pour que nous puissions les distinguer.

Parmi ces rares débris de la société préaryenne, le peuple basque est l'un des plus remarquables. Installé déjà dans la région qu'il occupe à l'époque où l'histoire fait remonter l'arrivée des Aryas, ce peuple porte avec lui le secret de son origine qui semble déconcerter la science dès qu'elle se met en devoir d'en pénétrer le mystère.

Les documents écrits manquent d'ailleurs totalement pour résoudre le problème. Les débris préhistoriques découverts dans certaines parties de l'Espagne sont peu susceptibles d'apporter quelque lumière à la discussion. Aussi ne faut-il pas s'étonner de voir l'histoire s'aider, dans cette recherche, de sciences auxiliaires, telles que la *Philologie* ou *Linguistique* et l'*Anthropologie*.

a.) *Recherches philologiques*. — Humboldt fut le premier qui signala le basque à l'attention des érudits.

Dans un voyage qu'il fit à Paris, en 1799, le baron de Humboldt avait découvert le *Dictionnaire manuscrit de Pouvreau* et les *Proverbes d'Oihenart*. En 1800, il poussa ses recherches jusqu'au sein du Pays Basque lui-même, et, grâce à l'hospitalité qui lui fut offerte par l'abbé don Pedro de Astarloa, curé de Durango, il put aborder la question dans son propre domaine. Ses promenades philologiques à travers les campagnes de la Biscaye lui laissèrent la conviction que la pensée humaine trouve dans l'idiome basque l'un de ses plus merveilleux modes d'expression. Il publia à la suite ses *Recherches sur les habitants primitifs de l'Espagne à l'aide de la langue basque*. Cet ouvrage renferme des étymologies parfois trop aventureuses, desquelles l'auteur conclut à une certaine parenté entre l'idiome basque et la langue grecque.

Depuis Humboldt, les études sur la langue basque se sont multipliées et les conclusions qu'on a pu en tirer sont des plus variées : Jacob Grimm *(Histoire de la langue allemande)*, soupçonne quelque affinité entre le basque et les idiomes du Caucase ; Bergmann *(Mémoires sur les Gètes)*, considère les Basques comme étant venus des bords de la Baltique en Germanie ; Mommsen *(Histoire romaine)*, leur donne une origine phénicienne ; Augustin Chaho, après Eichoff, croit devoir rattacher les Basques aux populations indigènes du Nord de l'Afrique ; pour Alfred Maury *(Revue des Deux Mondes*, 1857), le basque est une langue polysynthétique dont l'organisme rappelle celui des idiomes du Nouveau Monde. Baudrimont, dans son *Histoire des Basques ou Eskualdunais*, donne à ce peuple une origine grecque (1).

Telle est enfin la grande diversité d'opinions émises sur l'origine des Basques, que nous renonçons à poursuivre l'énumération des nombreux auteurs qui ont recherché et de ceux qui recherchent encore la solution de ce problème. Les ouvrages qu'ils ont écrits dénotent généralement une connaissance insuffisante du vocabulaire et de la grammaire basques. C'est l'écueil auquel ont été se

---

(1) Nous ne présentons là que quelques aperçus des opinions qu'on a émises sur l'origine des Basques. S'il fallait les réunir toutes, on en compterait certainement plus de cent, d'après ce qu'en disent les auteurs qui ont approfondi la question.

heurter la plupart des étrangers qui ont écrit sur
le pays basque. Adoptant un système préconisé
surtout par les auteurs allemands, ils accordent à
la linguistique une confiance trop absolue et s'emparent souvent des légères apparences fournies par
les mots et les formes grammaticales d'une langue
pour donner des solutions trop catégoriques sur les
obscurs problèmes des migrations de races.

Théodore d'Abbadie, qui écrivait en 1836 ses
études grammaticales sur la langue basque et que
sa qualité de Basque recommande plus spécialement
à l'attention, adoptait sur la question une sage
réserve. Ayant comparé le basque au sanscrit, au
géorgien, au finnois, à plusieurs langues de l'Amérique du Nord et de l'Afrique, il se déclare indécis
sur le groupe auquel il faudrait rattacher l'idiome
basque et sur les origines du peuple lui-même.

L'abbé d'Ibarce de Bidassouet, dans son *Histoire
des Cantabres ou des premiers colons de toute l'Europe*, éprouvait des embarras d'un autre genre.
Après s'être efforcé de rattacher la langue basque
aux idiomes asiatiques, il fait remonter les Basques
à l'origine même de l'humanité. Volontiers il nous
montrerait Adam et le Créateur dialoguant en
basque dans le Paradis terrestre ; mais il recule
devant une affirmation aussi catégorique et, après
avoir essayé de démontrer la supériorité du basque
sur les langues anciennes et modernes, c'est avec
une apparence de regret qu'il donne comme simplement probable l'origine directement divine de
l'Eskuara : « Que l'on convienne donc enfin, dit-il,
qu'il n'y a aucune langue dans tout l'univers qui

approche plus de la langue que le Père Éternel a inspirée à Adam soit par sa priorité, soit par son universalité, par son inépuisabilité, etc..., etc...» (1) Nous n'essayerons pas certainement de battre en brèche les théories de l'abbé d'Iharce dont la naïveté désarme la critique plutôt qu'elle ne la provoque. Nous nous contenterons de remarquer en passant l'intérêt présenté par son ouvrage qui dénote une ample connaissance de l'idiome basque et amuse fort le lecteur par ses étymologies souvent trop risquées ou même puériles, mais souvent originales, à tel point que bien des auteurs, tout en critiquant l'ouvrage, ont fait leur profit de ce qu'il renferme.

Nous résumerons l'état des études philologiques sur la langue basque en disant qu'elles laissent planer la plus grande incertitude sur l'origine du peuple lui-même. Tout en louant les efforts que l'on a faits et qu'on fait encore dans ce sens, on ne peut s'empêcher de déplorer le résultat négatif des recherches philologiques auxquelles on a pu se livrer jusqu'ici. Loin de satisfaire la science, elles ne font que l'irriter, en n'offrant à ses investigations que des solutions purement hypothétiques.

b.) *Recherches anthropologiques.* — La linguistique étant impuissante à résoudre le problème de l'origine des Basques, peut-être l'anthropologie sera-t-elle plus heureuse dans ses recherches ?

Il y a quelques années déjà, le savant suédois Retzius s'était occupé de rechercher l'origine des Basques. Un savant français, le docteur Broca,

(1) *Histoire des Cantabres....* pages 402 et 403.

dans le but de combattre les découvertes de Retzius, fit aussi des études craniologiques sur les Basques. Mais leurs théories, assises sur des bases peu solides, furent forcément incomplètes et il a fallu les recherches plus récentes du docteur Collignon pour combler les lacunes qu'ils avaient pu laisser.

Le docteur Collignon, médecin-major à l'école supérieure de guerre, parcourut successivement, en 1893, les conseils de revision des Basses-Pyrénées et continua ses investigations jusqu'en pays basque-espagnol par l'examen d'un régiment espagnol du Guipuzcoa. A mesure qu'il s'avançait, « un type d'hommes nouveau, nous dit-il, profondément différent non seulement de tous ceux que, dans les mêmes conditions, j'avais observés en France, mais aussi de tous ceux que j'avais étudiés dans l'Afrique du Nord, se révélait à mes yeux » (1).

Ce type nouveau, que le docteur Collignon est parvenu à isoler des autres types observés par lui, c'est le type basque. Mais une difficulté se présentait dès le début. Etant donnée la différence des Basques-Français et des Basques-Espagnols, les premiers brachycéphales, les autres dolichocéphales, se posait la question de savoir si ce phénomène prouvait l'antique dualité de la race basque ou s'il fallait l'expliquer par des croisements subis par les uns ou par les autres. C'est dans ce dernier sens que le docteur Collignon tranche la difficulté, et il désigne les Basques-Français comme ayant conservé dans une proportion plus notable le type primitif.

(1) *L'Anthropologie, paraissant tous les deux mois,* 1894, tome v, n° 3, mai-juin, page 279.

Négligeant leur brachycéphalie, qu'il dit être factice et accidentelle, il nous donne du Basque la description suivante : La taille au-dessus de la moyenne, les cheveux bruns, les yeux foncés, les tempes renflées, le menton pointu, le thorax bi-conique, allongé, large aux épaules et rétréci dans sa partie inférieure, le bassin étroit, les bras et les jambes relativement minces, « les courbures rachidiennes très accentuées, très flexibles et donnant à la démarche une grâce toute particulière » (1).

Tel est assurément le type que présentent d'ordinaire les gens de la campagne, dont la race est la moins mélangée. Au portrait tracé par le docteur Collignon, l'observateur attentif ne peut manquer de reconnaître le vrai paysan basque avec sa figure en forme de V, son buste large, ses hanches étroites, ses bras et ses jambes plutôt minces et sa démarche souple.

Ce type, nous dit le docteur Collignon, s'est mieux conservé en France qu'en Espagne, ce qui s'explique d'ailleurs très bien par des raisons historiques, quand on songe que les Basques-Français ont toujours vécu plus isolés que les Basques-Espagnols. Chez nous même, c'est principalement dans les cantons de Hasparren, d'Iholdy, de Baïgorry, que se retrouve le type basque. En dehors du pays, il existe dans le canton béarnais d'Aramitz, dont le nom est bien basque, ce qui fait croire au docteur Collignon qu'il s'agit simplement d'un recul de la langue. C'est là d'ailleurs un phénomène sur

---

(1) *L'Anthropologie, paraissant tous les deux mois*, id., page 279.

lequel nous aurons à revenir dans l'étude du droit indigène.

D'une façon générale, au sein même du pays basque, dit le docteur Collignon, ce type « se rencontre dans toute sa pureté sur plus de 41 0/0 de la population et ne laisse pas que d'imprimer un cachet spécial au reste de celle-ci composée de métis » (1).

Mais ce type si bien conservé d'un peuple dont l'ancienneté remonte aux époques préhistoriques, que nous révèle-t-il au point de vue de son origine? Les Vascons, ancêtres des Basques, étaient des Ibères au sens large du mot « mais rien ne permet d'affirmer ce qu'étaient les Ibères. »

« Leur patrie primitive reste donc inconnue, conclut le docteur Collignon. Toutefois, nous pouvons poser au moins un jalon dans cette recherche. Les caractères corporels proprement dits des Basques les rattachent indiscutablement au grand rameau chamitique des races blanches, c'est-à-dire aux anciens Égyptiens et à diverses races comprises par le grand public sous le terme général de Berbères. Leur brachycéphalie, faible d'ailleurs, ne saurait prévaloir contre l'ensemble des autres caractères qu'ils présentent. Elle est du reste tout artificielle, comme nous l'avons déjà dit, et uniquement liée à une particularité anatomique secondaire. C'est donc de ce côté et non dans la direction des Esthoniens et des Finnois qu'il faut chercher la souche de cette race paradoxale. Elle est Nord afri-

(1) *L'Anthropologie, paraissant tous les deux mois*, id., page 281.

caine ou européenne, sûrement elle n'est pas asiatique » (1).

c.) *Conclusion sur la question de l'origine des Basques.* — En somme, tout aussi bien le docteur Collignon, avec ses études anthropologiques, que les philologues dont nous avons parlé, nous laissent tous dans l'incertitude concernant l'origine des Basques.

Le docteur Collignon décide cependant qu'il ne faut pas chercher chez les Esthoniens ou les Finnois la souche de la race basque. Il en conclut qu'elle n'est sûrement pas asiatique. Peut-être, préoccupé lui aussi de combattre avant tout le résultat auquel aboutissait le suédois Retzius, veut-il entendre par là que la race basque n'est pas asiatique au même titre que les Esthoniens ou les Finnois dont les ancêtres émigrèrent par le Nord de l'Asie aux pays habités par eux actuellement.

Dans ce cas, nous serions en droit, sans nous heurter aux conclusions du docteur Collignon, de réveiller une vieille opinion qui fait venir les Basques du Sud-Ouest de l'Asie. En raison des nombreuses révolutions qui ont agité cette contrée à des époques peu connues de l'histoire et amené des croisements de race qui ne permettraient pas sans doute à l'anthropologie de démêler dans ce chaos le type préhistorique des habitants de cette contrée, comme elle le fait aujourd'hui pour nos pays, cette opinion, semble-t-il, n'a rien perdu de sa valeur historique. Mais les auteurs qui nous l'ont transmise

---

(1) *L'Anthropologie......*, page 287.

ne l'ont pas toujours appuyée de raisons solides. Sur l'interpellation de Sétuballe, donnée par Rodiric de Tolède à la vieille Ibérie (1), on a voulu conclure que les Basques descendaient de Thubal ou Thobel, cinquième fils de Japhet.

Le mot *Sétubalie*, a-t-on dit, ne serait que la réunion des mots *Seme, Thubal, Herria*, qui signifieraient ensemble *Pays de la postérité de Thubal*. En supposant même, ce qui est douteux, que le mot *Sétubalie* ne soit que la réunion des trois mots basques précités, on ne saurait admettre l'étymologie proposée, car la disposition même de ces trois mots est absolument contraire au génie de la langue basque (2).

Nous ne nous arrêterons pas davantage sur les opinions de certains extravagants qui veulent que le mont *Ararat*, où débarqua l'arche, ait été ainsi appelé par Noé qui, à la vue de cette montagne dont le sommet avait été laissé à découvert par l'abaissement des eaux du déluge, se soit écrié en basque : *hara ! hara !* ce qui signifie : *voilà ! voilà !* Il faut ranger dans la même catégorie l'opinion de ceux qui disent que le basque fut l'une des langues tombées du ciel au pied de la Tour de Babel.

Qu'est-ce qui nous permettra donc de supposer que les Basques pourraient sortir du Sud-Ouest de

---

(1) Sanadon. — *Essai sur la noblesse des Basques*, page 18.
(2) Traduits dans le même ordre, les trois mots *Seme, Thubal, Herria*, signifient : *Fils, Thubal, Pays.* Tout au plus l'étymologie offerte serait-elle acceptable si les trois mots étaient placés dans l'ordre exigé par la syntaxe, qui est le suivant : *Thubal, Seme, Herria.*

l'Asie? Sanadon, dans son *Essai sur la noblesse des Basques*, nous fait remarquer l'existence simultanée, à une époque très reculée, de deux peuples habitant, l'un les confins de l'Asie-Mineure et l'autre fixé dans nos contrées. Ces deux peuples portaient le même nom d'Ibères ; leurs pays étaient traversés de fleuves portant les mêmes noms. Deux Èbres, deux Araxes coulaient en même temps dans l'Ibérie d'Asie et dans l'Ibérie d'Europe. Ces deux pays possédaient chacun une montagne portant le nom d'Ararat, et la comparaison, d'après Sanadon, pourrait être poussée plus loin (1) ; « de même de nos jours, écrivait à ce sujet Duvoisin, le voyageur européen, dans les plages américaines, éprouve une douce émotion quand il rencontre, sur ces rives étrangères, les noms connus de son enfance, et que ses compatriotes se sont plu à rappeler par delà les mers » (2).

Quand on se trouve en face d'une telle précision, on est vraiment tenté d'y voir autre chose que de simples coïncidences. Par ailleurs, les mœurs essentiellement pastorales des anciens Basques les rapprochent encore de certaines peuplades asiatiques. Enfin la croyance des anciens Basques à l'unité de Dieu, *Jainkoa*, antérieurement au christianisme, est un fait qui nous est attesté par Strabon (3). Comment les Basques, entourés de tous côtés de peuples païens, s'adonnant à l'idolâtrie et au polythéisme,

(1) *Essai sur la noblesse des Basques*, p. 18.
(2) Voir dans le *Bulletin de la Société des sciences, lettres et arts* de Pau (1841-42), un article de Duvoisin, p. 232.
(3) Strabon, lib. III.

auraient-ils adopté cette religion qui consiste à adorer, au milieu des champs, un dieu invisible pour qui ils exécutaient des danses, sous la surveillance des anciens, s'ils ne l'avaient pas emporté avec eux d'un pays étranger dont ils devaient être originaires ? Or, à la même époque, c'est dans le Sud-Ouest de l'Asie que nous retrouvons des exemples de monothéïsme, ce qui pourrait bien être un indice dans la recherche de l'origine des Basques.

Quelques auteurs, allant plus loin, ont pu, grâce à l'étymologie donnée au mot *Jainkoa* ou *Jingoa*, traduction exacte, disent-ils, du latin *Venturus*, croire que la tradition avait perpétué le souvenir de la promesse d'un Messie chez les Basques, descendants de Thubal. Mais l'étymologie sur laquelle se base cette opinion nous semble erronée. Ce n'est pas *Jingoa* qu'il faut dire, mais *Jainkoa*, qui n'est qu'une contraction des mots *Jaun-goikoa* (1) qui, dans le basque du Guipuzcoa, signifient : Seigneur d'en haut.

Sans donner comme absolument certaine la théorie qui fait sortir les Basques du Sud-Ouest de l'Asie, on ne peut s'empêcher de faire remarquer l'apparence séduisante qu'elle nous offre, en raison surtout des arguments toponymiques précédemment relatés. Comme rien d'ailleurs ne prouve qu'ils descendent de Thubal, fils de Japhet, il n'y a pas de raison pour les rattacher à la race Japhétique plutôt qu'à la race Chamitique, comme le voudrait le docteur Collignon. Dès lors, sans atteindre la cer-

---

(1) Un Labourdin dirait : *Jaun-gainekoa*.

titude, on peut du moins, avec une certaine vraisemblance, dire que les Basques ont pu venir du Sud-Ouest de l'Asie, soit par mer, comme on l'a prétendu quelquefois, soit par l'Egypte ou le Nord de l'Afrique, ce qui concorderait davantage avec les conclusions du docteur Collignon.

II. — LA LANGUE DES BASQUES — ESKUARA

Dernière épave d'un passé perdu dans la nuit des temps, l'*Eskuara* ou *Euskara* est le nom donné par les Basques à l'idiome qu'ils parlent. Depuis Humboldt, qui s'en occupa le premier, la langue basque a été l'objet de profondes études de la part des linguistes, qui n'ont guère cessé de la cultiver jusqu'aujourd'hui.

Polysynthétique ou agglutinante, il est assez difficile de rattacher la langue basque à un groupe quelconque. Laissons aux spécialistes le soin de débattre la question et contentons-nous de dire, avec le proverbe : *Grammatici certant.* En fait, l'*Eskuara* date des temps préhistoriques. Les auteurs latins se plaignent déjà de ne pouvoir la prononcer quand ils nous disent des Basques : *Quorum nomina nostro ore concipi nequeant* (1). Mais ce qu'il y a de remarquable, c'est qu'en l'absence complète de monuments écrits, cette langue se soit montrée si rebelle à l'action du temps et des circonstances, pour parvenir jusqu'à nos jours dans un état d'intégrité fort appréciable. Les philologues, en effet, nous font observer qu'en dépit des influences mul-

(1) Pomponius Mela, l. III, ch. I.

tiples qui ont pu favoriser l'introduction de mots étrangers dans le vocabulaire basque, l'idiome possède toujours son système propre de déclinaisons et de conjugaisons, qui témoigne de son ancienneté.

Possède-t-il aussi son alphabet ? Peut-être l'avait-il autrefois ; dans ce cas, il dut se perdre lors de l'invasion romaine, car l'alphabet latin ne rend qu'imparfaitement les sons de l'idiome basque. D'abord, sur les vingt-cinq lettres dont il se compose, il faut éliminer le *V* dont le son est étranger au basque (1) et le *Q*, parce qu'il ferait double emploi avec le *K*. On pourrait en dire autant du *C*, qui ne sert que dans sa combinaison avec l'*h* (*ch*). Le *G* rend un son analogue à celui du *gamma* grec. Le *Z* et le *C* ont le même son, qui est celui de la seconde lettre ; mais les auteurs modernes emploient de préférence le *Z* et s'en servent exclusivement. Quant à l'*S*, il rend un son dur qui n'est pas usité en français. La voyelle *U* se prononce *ou*, excepté dans la Soule. L'*Y* est rendu inutile par l'*i*, mais n'est cependant pas abandonné complètement. Le *J*, en Basse-Navarre et au Labourd, se prononce comme le *d* mouillé. L'*E* muet n'existe pas en basque. Enfin deux *L* (*ll*) et deux *T* (*tt*) rendent le son mouillé de chacune de ces lettres.

L'article, en basque, se met à la fin du mot et fait corps avec lui, de même que les conjonctions, les prépositions, les interjections dont on peut l'accompagner. L'*Eskuara* possède un verbe unique, une déclinaison unique ; malgré cela, l'étude de cette

---

(1) C'est ce qui a suggéré à un auteur connu la réflexion suivante : *Beati populi quibus vivere est bibere.*

langue est hérissée de difficultés pour les étrangers (1).

La langue basque se distingue par un usage très fréquent des onomatopées. Ainsi, « quand le latin dit *murmur, susurrum, cachinnus*, le basque n'aura pas tant de déterminatifs différents ; il dira *marmara, gargara, karkara* » (2). Ces répétitions de voyelles et de consonnes se retrouvent aussi dans certaines expressions qui s'adressent surtout à l'imagination : « Un individu mal bâti, aux formes irrégulières, sera qualifié de *kankaïla, kaskaïla, koskoïla, korkoïla*, etc., autant de mots nuancés qui peignent l'homme aux yeux de celui qui est familiarisé avec la langue » (3). « Du physique passant au moral, le Basque use de la même méthode avec des variantes multiples. Un individu dépourvu de vergogne, témoignant par son désordre extérieur ce qu'il peut valoir au fond, sera appelé *zirtzila, pirtzila, zartzaïla, zantzaïla, zampaïla* » (4).

Une autre particularité de l'*Eskuara* est d'avoir dans son vocabulaire une grande quantité de noms significatifs. On peut citer à titre d'exemples : *Iguzkia*, le soleil, qui, par son étymologie, veut dire : moyen de voir. *Hilargia*, la lune, qui signifie : lumière pâle. Parmi les noms propres, on

---

(1) Voir l'ouvrage du prince Louis-Lucien Bonaparte intitulé : *Le verbe basque accompagné de notes grammaticales, selon les huit dialectes de l'Eskuara, avec les différences de leurs sous-dialectes et variétés.*
(2) Voir au *Congrès scientifique de France*, Pau, 1873, tome II, page 373, un article de Duvoisin.
(3) Duvoisin, id.
(4) Duvoisin, id.

peut prendre au hasard : *Etcheberri*, maison neuve ; *Harispe*, sous le chêne ; *Harismendy*, montagne de chênes ; *Landaburu*, extrémité d'un champ.

Le mot *Eskuara* lui-même, qui désigne l'idiome parlé par les Basques, a son étymologie qui est diversement interprétée. Les uns la font venir de la combinaison du mot *ara* qui, dans l'ancien basque, aurait signifié *langue*, et du mot *hexia* ou *herxia* « fermé, serré ». On aurait ainsi *ara-herxia* et par contraction *heskara* (1). Historiquement, les partisans de cette étymologie expliquent l'emploi du mot *heskara* « langue pure », par opposition à *erdara (erdi-ara)* « langue mêlée », qui aurait été celle du peuple basque des frontières, gâtée par son mélange avec les idiomes étrangers. Cette distinction aurait amené ensuite celle des anciens Basques en *Heskaldúns* « hommes à langue pure » et *Erdaldúns* « hommes à langue impure ».

D'après l'abbé d'Iharce, qui parlait le dialecte labourdin ° qui ne disait pas *heskara* ni *euskara*, mais bien *⋯uara*, ce mot ne serait qu'un dérivé du mot qui sert à désigner les Basques : *Eskualdunak*, et qui se décompose ainsi : *Esku-alde-dunak* c'est-à-dire « nation qui a l'ambidextérité » (2).

Tel est, avec ses particularités, l'idiome parlé par les Basques des deux côtés des Pyrénées. Il ne s'est conservé jusqu'à une époque relativement récente que par la tradition orale. En l'absence d'écrits qui

---

(1) C'est l'opinion émise par Duvoisin dans un article publié par le *Bulletin de la Société des Sciences, Lettres et Arts* de Pau, 1841.

(2) *Histoire des Cantabres*, page 2.

auraient pu fixer la langue, et de grammaires qui sont rares et toutes de publication récente, il n'y a pas lieu de s'étonner si elle est parlée de différentes façons dans les diverses parties du pays. Chaque province possède son dialecte, et il est fréquent de voir des Basques de localités différentes éprouver de réelles difficultés pour se comprendre.

Il n'est guère de savant basque qui n'ait approfondi sa langue sans lui vouer une admiration enthousiaste. L'abbé Inchauspé la trouve étrange, originale, harmonieuse (1). Astarloa en fait découler toutes les langues de l'univers dans son ouvrage pompeusement intitulé : *Apologia de la lengua bascongada, o ensayo critico, filosofico de su perfeccion y antigüedad sobre todas las que se conocen.* D'autres enfin ont poussé l'exagération jusqu'à dire que le basque est naturel à l'homme comme le roucoulement à la colombe et l'aboiement au chien.

Quoi qu'il en soit, on ne saurait disconvenir que la langue basque est la doyenne des langues européennes. Son ancienneté la rend utile à la science dans ses recherches sur les temps préhistoriques qui recèlent le secret de son origine, et, à ce titre, on peut déplorer son délaissement progressif. Il y a un peu plus d'un siècle « en 1780, nous dit Duvoisin, un Français, au milieu du pays basque, était obligé, pour se faire entendre, de s'adresser à un prêtre, à un notaire ou à un médecin » (2). De nos jours, la fusion définitive du peuple basque,

---

(1) *Le verbe basque :* Dédicace au prince Lucien Bonaparte.
(2) *Bulletin de la Société des Lettres, Sciences et Arts, Pau* 1841-42, 2ᵉ partie, p. 305.

d'un côté de la frontière avec les Espagnols et de l'autre avec les Français, a été fatale pour la langue basque. Tandis que le gouvernement espagnol travaille avec acharnement à sa disparition, elle est inculpée de lèse-gallicisme par le nôtre, qui poursuit méthodiquement sa ruine définitive. Faut-il donc, pour cela, ajouter foi à l'opinion de ceux qui ont prophétisé la disparition plus ou moins prochaine de l'*Eskuara* ? En dépit des efforts des deux gouvernements, la langue basque continue d'exister ; elle s'altère peut-être plus qu'elle ne se restreint, et il ne serait pas encore difficile de trouver, parmi la population des campagnes, des gens ne comprenant rien de la langue française. En somme, la coexistence de deux langues dans un pays n'offre rien d'impossible ; mais il est à prévoir qu'à une date difficile à préciser, la vieille langue basque cessera de se faire entendre pour laisser le champ libre à sa compagne plus savante, plus jeune, et qui possède sur elle l'avantage d'être la langue officielle du pays.

III. — HISTOIRE DES BASQUES

La doctrine est généralement d'accord pour dire que les Basques descendent des Ibères. Mais que faut-il entendre par Ibères ? Admettre, ainsi qu'on l'a fait souvent, que c'était un peuple homogène, comme le sont actuellement les Basques, cela paraît difficile et nous préférerions croire, avec le docteur Collignon, que le terme d'Ibères s'appliquait plutôt à des peuples de races diverses et était aussi compréhensif que le sont aujourd'hui ceux de

Français et d'Espagnols qui désignent des agglomérations de peuples n'ayant entr'eux aucune parenté de race.

On peut, avec plus de certitude, affirmer que les Basques sont les véritables descendants des Cantabres et des Vascons qui habitaient les Pyrénées. La parenté des Vascons avec les Basques n'a jamais été révoquée en doute par les auteurs. Quant aux Cantabres, quoiqu'on ait pu dire, le droit de famille basque, qui n'est qu'une forme dégénérée du droit cantabre lui-même, nous est une preuve irréfutable de la filiation directe de ces deux peuples. En réalité, ces deux noms de Cantabres et de Vascons servaient-ils à désigner le même peuple ? Il n'y aurait à cela rien d'étonnant ; et c'est peut-être ce qui a décidé des auteurs modernes à désigner les ancêtres des Basques sous la dénomination collective de Vasco-Cantabres.

Comme on l'a vu, il est difficile d'assigner aux Basques une origine certaine. A l'époque où leur pays prend sa place dans le monde connu, il est déjà occupé par les ancêtres des Basques, et la science n'étend pas encore ses lumières jusqu'à la date lointaine où ils s'établirent pour la première fois dans la contrée.

Pendant combien de temps conservèrent-ils la jouissance paisible de leurs possessions? On l'ignore. Ce qu'il y a de certain, c'est qu'ils commencèrent un jour à être inquiétés par des essaims d'étrangers qui venaient s'abattre sur leur pays. Tour à tour les Phéniciens, les Celtes, les Grecs, les Carthaginois vinrent les harceler, et enfin les plus dangereux de tous, les Romains, s'établirent sur les côtes orientales de la Péninsule Ibérique et de là pénétrèrent insensiblement dans le voisinage de la Cantabrie.

Avant d'avoir à défendre leurs foyers contre l'invasion romaine, les Cantabres, enrôlés par Annibal, avaient déjà marché sur Rome sous les ordres de ce général. C'est même alors pour la première fois qu'on voit leurs noms figurer dans les récits des historiens romains :

> Cantaber ante omnes hiemisque, œstusque, famisque
> Invictus, palmamque ex omni ferro labore.
>
> Silius Italicus, liv. III.

La diplomatie romaine ne tarda pas à détacher du parti d'Annibal ces vaillants guerriers (Tite-Live, liv. XXIII) et dès lors ils demeurèrent fidèles à leurs nouveaux alliés jusqu'au jour où les Carthaginois furent définitivement refoulés en Afrique. Ils s'aperçurent alors qu'ayant changé d'amis ils avaient changé de maîtres, et les exactions, les rapines, les cruautés des proconsuls et des préteurs romains furent le signal d'une insurrection générale dont les Romains profitèrent pour mettre la péninsule à feu et à sang. Les indigènes se défendirent avec acharnement et, pour ne citer qu'un exemple, le siège de Calagurris, aujourd'hui Calahorra, défendue par des Vascons, démontra aux Romains à quelles extrémités peut conduire un amour de la liberté poussé jusqu'au fanatisme (Valère-Maxime, liv. VIII, c. VI. — Juvénal, sat. XV, v. 93).

Plus tard, durant les guerres civiles, on retrouve

un corps de Cantabres servant, comme alliés, successivement dans les armées de Pompée et de César, où ils rendirent les plus grands services (Cæsar, de bel. civ. l. III, c. XXXVIII, XLVIII, LXX, LXXIV, LXXV).

Enfin, les guerres civiles apaisées, Auguste, maître de l'Empire, entreprit de réduire les peuples qui étaient encore indépendants. Il attaqua les Cantabres et leur livra une guerre à outrance. Mais, après des efforts inutiles, comprenant sans doute qu'il n'avait rien à faire contre un peuple que défendaient à la fois ses montagnes escarpées et son amour farouche de la liberté, Auguste, malade, revint à Rome en laissant à son lieutenant Agrippa le commandement de l'expédition.

Ni Auguste ni son lieutenant ne réclamèrent, à leur retour, les honneurs du triomphe. Ils avaient abandonné le théâtre de la guerre, en entourant la Cantabrie d'une ceinture de garnisons romaines destinées à prévenir désormais les courses et les brigandages des Basques dans la plaine. Peut-on, en présence de pareils faits, croire ces lâches adulateurs du pouvoir qui racontèrent que les Basques avaient été subjugués par Auguste (Dion, l. LIV, c. XI). — Florus (lib. IV, cap. XII), qui tient le même langage, écrivait deux cents ans après Auguste, et Strabon, qui venait immédiatement après, se contente de nous dire qu'ils furent vaincus par Auguste, ce qui fait une notable différence (1).

Sous Tibère, successeur d'Auguste, les Basques avaient déjà recommencé leurs brigandages, et celui-

---

(1) *Essai sur la noblesse des Basques*, p. 97.

ci, désespérant de les soumettre, essaya, nous dit Sanadon, de gagner leur confiance « en leur laissant leurs lois, leurs mœurs, leurs coutumes et leur langue, et de se les attacher en leur assurant l'exemption totale des subsides, garnisons et colonies romaines » (1).

Dès cette époque, on voit les Basques reparaître comme alliés dans les armées romaines (Tacite, *Hist.*, l. IV), et quand les Romains furent obligés de plier sous les efforts sans cesse répétés des Barbares envahisseurs, les Basques, toujours fanatiques de leur indépendance, surent maintenir ces étrangers à l'écart.

Ils éprouvèrent cependant de grandes difficultés à repousser les attaques qui leur furent livrées par les Goths, et c'est à un recul imprimé par ce peuple à ses ennemis qu'il faut attribuer, selon nous, un fait important sur lequel tous les historiens ne sont pourtant pas d'accord : l'invasion par les Basques de la Novempopulanie.

Le P. de Moret, dans ses *Annales du royaume de Navarre*, fixe cette migration à la fin du règne de Lovigilde, ou au commencement de celui de Recarède, roi des Goths, c'est-à-dire vers l'année 586 (2). La pression exercée par les Goths d'un côté, et d'un autre, l'anarchie qui régnait en France à cette époque, décidèrent les Basques à abandonner aux Goths une partie de leurs possessions pour

---

(1) *Essai sur la noblesse des Basques*, p. 109.
(2) Voir un article de Duvoisin, dans le *Bulletin de la Société des sciences, lettres et arts* de Pau, 1841-42, 2ᵉ partie, p. 303.

s'étendre au delà des Pyrénées sur les plaines de la Novempopulanie.

Le fait, tel que nous le présentons, n'est pas accepté par beaucoup d'historiens qui enseignent au contraire que les Basques sont les premiers habitants historiques de la contrée qu'ils occupent actuellement en France. Les Ibères, disent-ils, habitaient tout le Sud-Ouest de la Gaule, et c'est à ce peuple qu'il faudrait rattacher les Aquitains qui leur *ressemblaient plus qu'aux Celtes*, d'après Strabon lui-même (Strabon, liv. IV). Des adeptes de cette école ont été jusqu'à dire que le nom d'*Aquitani* a sa racine dans celui d'*Eskualdunak* qui désigne les Basques (1). Cette dernière affirmation nous semble trop risquée. Quant à savoir ce qu'étaient les Ibères, il nous paraît plus vraisemblable d'admettre avec le docteur Collignon que ce terme désignait une agglomération de peuples de races différentes. Dans tous les cas, malgré les ressemblances que les Aquitains pouvaient avoir avec les Ibères en général, nous croyons pouvoir démontrer, grâce aux découvertes anthropologiques du docteur Collignon, qu'ils n'avaient avec les Basques aucune parenté de race, et que ceux-ci, loin d'avoir été autrefois des Aquitains, ne se sont fixés en deçà des Pyrénées qu'à la fin du VIe siècle, ou, tout au moins, à une époque postérieure à l'invasion romaine. On peut en effet invoquer en ce sens des considérations de plusieurs sortes :

1° Dans leurs diverses luttes avec les Cantabres,

---

(1) Jullian. *Inscriptions romaines de Bordeaux*, t. II, p. 523.

c'est toujours par le versant méridional des Pyrénées que les Romains les attaquèrent. Pourquoi les Romains, peuple pratique par excellence, auraient-ils fait un pareil détour, s'ils avaient pu atteindre leurs ennemis sans traverser la chaîne des Pyrénées ?

2° Le pays situé au Nord-Ouest des Pyrénées était habité, à l'époque de l'occupation romaine, par un peuple appelé *Tarbelli* et avait pour capitale Dax (*Aquæ Tarbellicæ*). Les Tarbelliens, comme le démontrent les récentes études anthropologiques du docteur Collignon, étaient les ancêtres des peuples qui habitent actuellement entre l'Adour et la Garonne ; or, ceux-ci se distinguent nettement de la population basque par des caractères anthropologiques que le docteur Collignon considère comme une preuve irréfutable de la différence d'origine de ces deux peuples. Si les Tarbelliens, comme on l'admet d'ordinaire, étaient une peuplade homogène occupant le Sud-Ouest de la Gaule jusqu'aux Pyrénées, les découvertes du docteur Collignon nous prouvent qu'ils avaient dû reculer vers le Nord, postérieurement à l'invasion romaine, devant une poussée quelconque.

3° Pour échapper à cette latinisation générale qui fut une conséquence de la conquête romaine, il faut que les Basques de cette époque aient vécu dans l'isolement et l'indépendance. Si le pays basque eût compris la région qui s'étend des Pyrénées à l'Adour, les Basques eussent été fatalement latinisés, car la conquête romaine couvrit cette contrée ; nous n'en voulons pour preuves que l'inscription romaine trouvée en 1660 dans les fondements de l'église de

Hasparren (1), et l'existence d'une voie romaine allant de Dax à Pampelune et qui traversait une grande partie du pays basque actuel, en passant notamment à Saint-Jean-Pied-de-Port (*Imus Pyreneus*) et Roncevaux (*Summus Pyreneus*). Or, il y aurait contradiction flagrante, selon nous, entre le fait de l'occupation romaine d'un côté et, de l'autre, le fait par les Basques d'avoir habité le même pays à l'époque de la conquête.

4° Par ailleurs, parmi les Basques des sept provinces, ceux des provinces françaises ont mieux conservé que les autres l'intégrité de leur race, la pureté de leur langue, leurs mœurs primitives et leur droit de famille antique. L'explication de ce phénomène est très simple dans le système que nous adoptons : à l'époque des diverses invasions, les Basques occupaient le pays basque espagnol actuel et la région montagneuse des Pyrénées. Ceux d'entr'eux qui habitaient la montagne étaient, par le seul fait de leur isolement, plus favorisés que les autres pour la conservation de leurs traditions antiques et de leur type primitif. Le jour où les habitants de la plaine cédèrent aux Goths une partie de leurs possessions, il s'effectua une poussée des populations basques qui obligea celles de la montagne à descendre dans les plaines de la Novempopulanie, où l'on a retrouvé depuis, mieux que partout ailleurs, les traits essentiels de la race.

5° Enfin, il est à remarquer que c'est au VI°

---

(1) Voir le texte de cette inscription et la discussion qui la concerne dans l'*Essai sur l'inscription romaine de Hasparren*, de M. Henry Poydenot, Paris, 1872.

siècle seulement qu'on se plaint au Nord des Pyrénées des troubles produits par les incursions des Vascons. Grégoire de Tours et Frédégaire nous parlent des courses qu'ils faisaient dans les plaines de la Novempopulanie jusqu'aux rives mêmes de la Garonne, et que les capitaines français avaient du mal à réprimer (1). Ces incursions vasconnes se produisant précisément à l'époque où les Goths leur livraient une guerre acharnée sur l'autre versant des Pyrénées, doivent-elles être acceptées comme de simples coïncidences ? Quant à nous, le cumul et la combinaison de tous les arguments que nous venons de parcourir nous autorisent à voir dans ce double phénomène un rapport de cause à effet.

C'est donc à la fin du sixième siècle seulement que nous voyons les Basques s'installer en France dans le pays compris entre les Pyrénées et l'Adour. C'est désormais contre les Francs qu'ils ont à lutter. Grégoire de Tours nous raconte qu'ils taillèrent en pièces l'armée du duc Bladaste envoyée contre eux par Chilpéric. Le duc Austrovalde les attaqua sans plus de succès. Nous les voyons successivement en guerre avec Dagobert qui vint leur infliger une défaite dans les plaines de la Soule *(Subola)* ; avec Charlemagne qui traversa leur pays jusqu'à Pampelune, mais perdit ensuite toute son arrière-garde dans les défilés de Roncevaux, rendus célèbres par la légende. Ils luttèrent encore contre Louis le

(1) Grégoire de Tours, lib. VI, cap. XII. Frédégaire, cap. LXXXVII.

Débonnaire, et finalement, alors même qu'ils semblent vouloir se soumettre, ils conservent toujours le droit de faire leurs lois et de se gouverner eux-mêmes, ce qui est un attribut essentiel de la liberté.

L'occupation par les Vascons d'une partie de la Novempopulanie fut bientôt cause que cette province délaissa son véritable nom pour s'appeler désormais Vasconie. La dénomination de Vascons donna elle-même naissance à la double dénomination de Gascons et de Basques, dont l'une seulement, la dernière, désigne les descendants des anciens Vascons.

Longtemps avant la formation du royaume de Navarre, sous Dagobert sans doute, et peut-être avant, les Basques faisaient partie du duché de Vasconie qui comprenait l'ancienne Novempopulanie. C'est au huitième siècle seulement, à une époque difficile à préciser, que les Basques Navarrais d'Espagne décidèrent de se donner un roi pour mieux défendre leur liberté menacée par les Maures qui, à trois reprises différentes, avaient pénétré jusqu'à Pampelune. D'après Othenart, ce fut Sanche-Garcia, au neuvième siècle, qui annexa au royaume de Navarre les provinces de Soule et de Basse-Navarre (*Notitia utriusque Vasconiæ*, lib. III, c. IV). Le Labourd demeura fidèle à ses anciens ducs.

Ainsi constitué, le royaume de Navarre subsista jusqu'en 1512, époque à laquelle Ferdinand-le-Catholique, roi de Castille, s'empara de la partie méridionale du royaume jusqu'aux Pyrénées. La royauté navarraise, ainsi réduite, continua de mener une existence indépendante, jusqu'au jour où Henri IV fut appelé à monter sur le trône de France (1594).

La province de Soule, annexée par Sanche-Garcie à la Navarre, fut plus tard détachée de ce royaume. Nous la trouvons au XIV° siècle entre les mains des Anglais à qui Louis-le-Hutin l'avait cédée.

Il est probable que la province de Labourd ne fit jamais partie du royaume de Navarre. Elle dut appartenir aux Anglais pendant tout le temps que ceux-ci occupèrent le duché de Gascogne et la Guyenne.

Mais il faut remarquer que les Basques des trois provinces, sous quelque domination qu'ils fussent, conservèrent toujours la jouissance de leurs privilèges, qui les mettaient à l'abri de tous les abus de l'autorité. Eux-mêmes faisaient leurs lois, votaient leurs impôts et se chargeaient de la défense de leur pays. Il leur importait donc peu de dépendre de tel chef ou tel autre, car, ainsi que nous aurons occasion de le voir, la suprématie qu'on pouvait exercer sur eux était plutôt nominale que réelle, à cause des garanties dont les entourait la Coutume.

LA CONDITION DES PERSONNES CHEZ LES BASQUES FRANÇAIS

JUSQU'EN 1789

GÉNÉRALITÉS SUR LE DROIT COUTUMIER DES BASQUES

Quand on a fait la connaissance de ce peuple basque, qui dissimule sous sa paisible existence le mystère impénétrable de son origine ; quand on étudie son idiome si ancien et que l'état actuel des recherches philologiques ne permet de rattacher d'une façon certaine à aucun groupe de langues: quand on parcourt enfin les diverses phases de son histoire depuis les temps les plus reculés jusqu'à nos jours, on est frappé du cachet d'originalité que nous présente ce peuple, et l'on s'étonnerait peut-être, en l'envisageant sous ses autres aspects, de ne pas y retrouver un reflet de sa singulière physionomie.

Le juriste, par exemple, n'est pas déçu dans son attente quand il examine de près le vieux droit indigène des Basques. Les textes de leurs coutumes, quelques rares données fournies par les historiens de l'antiquité et des documents assez rares aussi, éparpillés dans les bibliothèques et les archives départementales, telles sont, il est vrai, les seules sources d'information auxquelles il puisse puiser. Mais ce qui est extraordinaire, c'est qu'un si petit champ d'exploitation renferme une aussi grande quantité de curiosités juridiques. Le droit basque du moyen âge présente, en effet, dans ses diverses parties, des particularités remarquables qui en font un corps de lois complètement distinct des autres législations contemporaines. En droit public, par exemple, nous voyons prévaloir, chez les Basques, des idées qui ne devaient que bien plus tard se faire jour chez les autres peuples de l'Europe. La procédure basque repose principalement sur l'institution des *pléges et plégeries*, ou cautions en jugement ; elle nous rappelle par sa forme le vieux droit civil de Rome, ce qui nous porte à croire qu'il s'agit d'une institution commune à la plupart des législations primitives. Laferrière, dans son *Histoire du Droit*, constate le même phénomène dans la législation bretonne. Le droit pénal des Basques, sauf cependant celui de Basse-Navarre, offre un contraste frappant avec les autres dispositions pénales en usage à la même époque. On n'y trouve pas ce raffinement dans les recherches des supplices qui tient une si large part dans le droit criminel des peuples jeunes, encore voisins de la barbarie ; la fustigation, l'amende, le bannissement, la peine de mort, sont à peu près les seules pénalités admises par le droit basque, dont la simplicité sur ce point dénote une grande supériorité sur les autres législations du moyen âge. La coutume de Basse-Navarre, plus barbare que les deux autres, laisse plus de place à l'arbitraire du juge et se contente de dire, pour les grands crimes, que leurs auteurs seront punis « *extraordinairement et exemplairement* » ; pour d'autres, qu'ils seront punis « *de peine arbitraire, selon l'exigence du délit.* » (Voir Rub., XXVIII.)

Quant au droit privé, on peut dire qu'il est original dans son ensemble et qu'il n'a subi que dans certains détails des influences étrangères, comme celles du droit romain et du droit féodal. Dans la partie qui traite de la succession des biens, par exemple, les coutumes basques exposent en parallèle le droit successoral féodal et le droit successoral indigène, applicables les deux dans le pays ; et ce dernier, sur certains points, s'inspire aussi du droit romain et lui emprunte entr'autres les dispositions concernant la légitime des cadets. De toutes les parties du droit basque, les dispositions éparses qui régissent la condition des personnes sont les plus aptes, selon nous, à nous renseigner sur l'esprit original du droit indigène.

En droit privé, le texte des coutumes nous permet d'en tracer un tableau d'ensemble ; mais il faut remarquer en passant que la rédaction des coutumes est généralement très défectueuse ; de plus, elle présente cette bizarrerie qui est de nature à nous surprendre, c'est que la langue qui a servi à cette rédaction n'est pas la langue basque, l'*Eskuara*. La coutume de Labourd fut rédigée, à la date du 10 mai 1514, en vieille langue française ; aussi la lecture en est-elle assez facile ; mais la rédaction en est relativement courte et ne paraît être qu'une copie abrégée tirée du même original que la coutume de Soule ; celle-ci, datée du 28 octobre 1520, est rédigée en patois béarnais. Celle de Basse-Navarre, du mois d'avril 1611, enregistrée seulement en 1622 par la chancellerie de Navarre, offre la même particularité, qui s'explique d'ailleurs par le voisinage de ces peuples avec les Béarnais et les relations politiques qu'ils entretinrent ensemble durant la plus grande partie du moyen âge. Les textes les plus détaillés présentent l'inconvénient d'être écrits en un patois qu'il n'est pas toujours aisé de déchiffrer, tandis que, d'un autre côté, les diverses matières qu'on y traite sont entassées plutôt qu'elles ne sont classées sous des rubriques différentes. Malgré ces difficultés, il n'est pas impossible au juriste d'obtenir des vues d'ensemble sur la condition des personnes en droit privé.

En droit public surgit une difficulté plus grande. L'histoire politique des Basques n'est pas la même pour les trois provinces, et les variations qu'elle subit de l'une à l'autre ont leur contre-coup dans la condition des personnes. Pour éviter toute confusion, nous signalerons en passant ces différences, comme aussi nous ferons remarquer l'uniformité que présente sur des points essentiels la condition de tous les Basques en droit public.

C'est par la partie du droit privé que nous débuterons dans cette étude et, avant d'entreprendre un examen détaillé de quelques dispositions coutumières du moyen âge, nous consacrerons un premier chapitre à certaines institutions du droit basque antique dont la notion nous a été léguée par Strabon, telle que le matriarcat et la couvade. Nous poursuivrons par l'étude de la condition des personnes dans le droit privé des Basques au moyen âge, et nous aborderons enfin la deuxième partie de notre travail qui traite de la condition de ces mêmes personnes en droit public. D'une façon générale, c'est dans le texte des coutumes de Labourd, Soule et Basse-Navarre, que nous chercherons les bases de nos affirmations pour le droit basque du moyen âge. Ces coutumes, quoique incomplètes, constituent pour le juriste le guide le plus sûr, et ce n'est qu'accessoirement et souvent pour des points secondaires, que nous aurons recours à l'autorité des auteurs anciens ou modernes qui ont pu traiter les mêmes questions.

CHAPITRE PREMIER

DROIT ANTIQUE

LE MATRIARCAT. — LA COUVADE

Les Basques n'ayant rien écrit eux-mêmes jusqu'à une époque relativement récente, on ne connaît de leur droit antique que certaines dispositions relatées par les historiens latins.

C'est ainsi que, sur la foi d'un passage de Strabon, les Basques peuvent être soupçonnés d'avoir pratiqué le matriarcat ; sur le témoignage du même auteur, on attribue aux anciens Basques une institution bizarre, celle de la couvade, que l'on retrouve également chez différents peuples sauvages.

I. *Le Matriarcat.* — Et d'abord, qu'est-ce que le matriarcat ?

C'est une sorte de droit de famille qui consiste à ne reconnaître, dans les relations juridiques des divers membres du groupe domestique, que la parenté par les femmes. Chez les peuples qui pratiquent le matriarcat, le chef de famille est une femme ; c'est elle qui est investie des pouvoirs domestiques, de sorte qu'il y a puissance maternelle au lieu de puissance paternelle et qu'à l'autorité maritale se trouve substituée celle de la femme ; l'enfant porte le nom de sa mère, n'hérite que dans la famille maternelle, etc. L'institution du matriarcat se rencontre chez un certain nombre de peuples. On peut citer entr'autres : en Australasie, les indigènes de la nouvelle Guinée ; en Asie, quelques tribus hindoues ; on la retrouve aussi dans la Géorgie, province russe, et en Afrique, dans le Soudan français (1).

Un passage de Strabon nous fait supposer que les Cantabres pratiquaient le matriarcat, en nous disant que chez eux « ce sont les maris qui apportent une dot à leurs femmes, que ce sont les filles qui héritent de leurs parents et se chargent du soin d'établir leurs frères ». (Strabon, liv. III).

Il s'est trouvé des interprètes, Eugène Cordier notamment, pour taxer Strabon d'exagération : « Des auteurs qui tracent, en deux lignes, la législation d'un peuple, dit Cordier, peuvent bien ne pas la représenter exactement ; ils citent un trait saillant, un fait original, sans en marquer la place, sans s'inquiéter de l'expliquer ; ils nous laissent incertains sur l'ensemble du droit. . . . . Quant au droit cantabre, nous sommes fixés : les coutumes d'origine basque en sont, à nos yeux, le commentaire assuré » (2).

L'explication de Cordier est très ingénieuse ; elle a pour elle le mérite de la simplicité, quand elle rattache directement le droit coutumier basque au

---

(1) L'existence du matriarcat chez ces peuples est signalée par Monsieur Vigneaux, professeur, dans un cours spécial d'Histoire du droit qu'il fait en vue du doctorat. (Cours de l'année scolaire 1894-95).

(2) *De l'organisation de la famille chez les Basques*, page 28.

droit contemporain de Strabon. Mais le passage de cet auteur, qui semble dénoncer clairement un droit de famille basé sur le matriarcat, nous suggère des doutes sur l'interprétation donnée par Cordier. A quoi bon d'ailleurs expliquer la prétendue exagération de Strabon par le désir qu'aurait eu cet auteur de tracer brièvement la législation des Cantabres ? Au lieu de nous dire que chez eux « ce sont les filles qui héritent de leurs parents et se chargent du soin d'établir leurs frères », Strabon n'aurait-il pas aussi vite fait de nous dire que les Cantabres appliquaient le droit d'aînesse, sans distinction de sexe. Cette dernière disposition, que l'on trouve exprimée dans les coutumes basques du moyen âge, aurait été plus vraisemblablement introduite dans le droit basque à une époque ultérieure à celle où écrivait Strabon et ne serait que la conséquence probable d'une transformation survenue, ainsi que nous pourrons le constater, dans l'état social des Basques.

L'histoire et la linguistique, loin de contredire cette solution, nous sont au contraire d'un puissant secours à cette occasion, quand elles nous représentent les Basques vivant dans un état social singulièrement favorable au fonctionnement du matriarcat :

L'histoire nous montre d'abord les anciens Basques, toujours les armes à la main, occupés à repousser les attaques successives des Celtes, des Carthaginois, des Romains. Cet état de guerre continuel, outre les nombreux décès qu'il devait entraîner, retenait les hommes valides loin du foyer domestique où il ne restait, pour ainsi dire, que des vieillards inertes, des femmes et des enfants. La guerre cesse-t-elle un moment ? Le Basque quitte l'épée pour la houlette, car il n'est pas seulement guerrier, il est aussi pasteur, comme le prouve l'étude de sa langue, et l'état pastoral, coexistant avec l'état de guerre, ou même indépendant de ce dernier, n'est pas fait pour permettre au Basque de résider habituellement au foyer conjugal.

Ce qui nous fait croire que les anciens Basques étaient un peuple essentiellement pasteur, c'est la richesse et la pureté de leur idiome dans les expressions relatives à la vie pastorale. Ainsi, un peuple pasteur surveillera de près la reproduction des animaux de son troupeau, qui offre une importance très grande à son point de vue. Pour désigner la femelle en chaleur, la langue basque possède un mot spécial à chaque espèce d'animaux ; il dira : *arkhara*, pour la brebis ; *azkara*, pour la chèvre ; *susara*, pour la vache ; *ogara*, pour la chienne ; *giri*, pour la jument ; *ihausi*, pour la truie. Le loup, pour les pasteurs, est un objet constant de préoccupation. Un mois de l'hiver, celui de février, s'appelle, en basque, le mois des loups, *otsaila (otso-ila)*. La brebis change de nom suivant les diverses étapes de sa vie ; le petit agneau s'appelle *achuria* ; on l'appellera *bildotsa* une fois sevré ; *anchua*, dans la première année ; *artancha*, dans la deuxième ; quand la brebis est en pleine puissance de reproduction, elle prend le nom d'*ardia* ; enfin, on l'appelle *artsarra*, quand on l'engraisse pour la consommation.

Le bétail constitue la principale et quelquefois l'unique richesse du pasteur ; du mot basque *abere*, qui signifie bétail, les indigènes ont fait *aberatsa*, riche, et *aberastasuna*, richesse. Des exemples du même genre se retrouvent dans la langue des Romains qui, de *pecus*, troupeau, avaient formé *pecunia*, richesse. On a dit parfois que *abere* vient du latin *habere* ; nous jugeons la chose peu probable, car le basque, dans les mots empruntés, n'a pas l'habitude de retrancher les aspirations initiales ; d'ailleurs, l'argument conserverait sa force, puisque de *habere*, posséder, on aurait fait *abere*, bétail et, de là, *aberetsu* ou *aberatsa*, riche.

Cette abondance et cette pureté du langage relatif à la vie pastorale contraste fort avec la pauvreté des termes concernant la vie agricole. Parmi ceux-ci nous en avons qui sont empruntés à des langues étrangères, tel le mot *arrastelua*, qui n'est qu'une copie mal déguisée du mot français *rateau*, ayant la même signification. Même les mots essentiels concernant l'agriculture ne sont pas basques d'origine ; c'est ainsi que *laborantcha*, agriculture, et *laboraria*, agriculteur, viennent directement du latin *laborare*. Cela nous suggère l'idée que les Basques, avant de connaître les Romains, pratiquaient peu l'agriculture. On ne peut pourtant affirmer qu'elle leur ait été entièrement inconnue jusqu'alors sans se heurter à l'argument tiré du mot *haitzurra*, pioche (*harri*, pierre ; *urra*, déchirer), qui laisse soupçonner qu'à l'âge de pierre les Basques se servaient déjà de la pioche. Mais cet instrument ne peut pas être considéré comme exclusivement aratoire, car il peut servir, par exemple, à préparer les bases d'une construction ou à creuser des cavernes où les Basques primitifs devaient habiter.

Toutes ces considérations nous portent à croire que les anciens Basques vivaient surtout de la vie pastorale et qu'ils ne se familiarisèrent avec l'agriculture que par le contact des Romains installés dans leur voisinage. Au moyen âge encore, des pâturages devaient recouvrir la plus grande partie du sol basque, comme le démontre l'étude des Coutumes, où les difficultés relatives à ce genre d'exploitation sont largement prévues. Même de nos jours, le peuple basque manifeste un goût très prononcé pour la vie pastorale dans les régions où elle est possible. Il ne faut voir en cela que la persistance, à travers les siècles, des anciennes traditions qui faisaient des Basques un peuple essentiellement et peut-être exclusivement pasteur.

La plupart du temps, l'état pastoral et l'état de guerre, s'il faut en juger par l'histoire, devaient être simultanés chez les Basques et leur laissaient peu de loisirs pour gérer les intérêts du groupe domestique. A l'époque de Strabon, le mari basque, partagé entre la vie des camps, qui l'absorbe en entier à certains moments de son existence, et la garde des troupeaux, qui le mène dans les lointains pâturages de la montagne, ne peut pas être très assidu au foyer conjugal. On reconnaîtra dès lors qu'un pareil état social offre bien des incompatibilités avec le régime patriarcal : car la direction du groupe domestique et la gestion des affaires souffriraient beaucoup de l'absence presque continuelle du chef de famille. Pourquoi donc s'étonner si le droit basque antique appelait la femme à la direction du foyer domestique? Le mari basque *lui apportait une dot*, comme nous dit Strabon, et, le mariage effectué, commençait à mener cette existence à la fois guerrière et pastorale qui ne lui permettait qu'à intervalles espacés de retourner au sein de sa famille. Là, son rôle étant terminé dès la conception de l'enfant, il va aussitôt retrouver son troupeau ou ses compagnons d'armes. L'enfant n'a plus désormais de rapports qu'avec sa mère, et il paraît naturel, après cela, que les coutumes locales le rattachent plutôt à cette dernière qu'à son père. Au décès des parents, quel sera l'héritier? Ayant à choisir entre la postérité mâle et femelle, la coutume éliminera les mâles que leurs occupations professionnelles appelleront de bonne heure à quitter le groupe de la famille. Ayant au contraire leur place définitivement fixée au foyer domestique, *les filles hériteront de leurs parents, et, en qualité d'héritières, seront chargées du soin d'établir leurs frères.*

C'est à ce résultat que nous mène une interprétation littérale du texte de Strabon qui nous montre les Cantabres pratiquant régulièrement le matriarcat. L'idée d'ailleurs n'est pas nouvelle et nous la trouvons exprimée dans les *Institutions coutumières* de Loysel, qui nous dit que chez les Cantabres *les femelles succédaient seules, à l'exclusion des mâles.* (Inst. cout. n° 638).

Il est probable que l'usage du matriarcat ne fut

pas de longue durée après les invasions romaines. Car, au moyen âge, le droit de famille basque s'est déjà notablement transformé. S'il est vrai que la législation de chaque peuple porte l'empreinte des divers états par lesquels ce peuple a successivement passé, c'est dans les changements subis par l'état social des Basques qu'il faut chercher la cause de cette évolution juridique. On a vu, en effet, que les relations guerrières ou pacifiques entretenues avec les Romains par les Basques mirent ces derniers au courant des procédés de l'agriculture qui, s'il faut en juger par l'état actuel de leur langue, leur étaient à peu près étrangers jusqu'à cette époque. Par ailleurs, une existence relativement pacifique succédant à l'état de guerre dans lequel ils avaient toujours vécu auparavant, la famille basque pouvait désormais rester groupée autour de son chef : les loisirs de la paix et les soins à donner à la culture du sol ne furent pas sans influence sur les transformations subies par l'esprit de leur législation. En d'autres termes, il était naturel que le matriarcat, issu d'un état social différent, ne survécût pas à ses causes. Aussi ne tarda-t-il pas à s'atténuer sous l'empire de l'évolution dont nous avons parlé. Les mâles, écartés sous l'ancien régime de la succession de leurs parents, furent désormais appelés à y prendre part concurremment avec les filles. Cette application du droit d'aînesse sans distinction de sexe, survivance frappante de l'ancien régime matriarcal, cadrait d'ailleurs admirablement avec le nouvel état social des Basques. Aussi n'est-il pas surprenant de voir le jurisconsulte Béla lui-même, interpréter l'esprit du droit successoral basque d'après les mœurs de son époque, et nous dire que le droit d'aînesse absolu, tel que le concevait le droit coutumier basque, reposait sur la nécessité de voir prospérer sans interruption le domaine légué par les ancêtres.

Nous aurons occasion de retrouver à sa place cette conception du droit d'aînesse sans distinction de sexe. Retournons pour le moment dans le domaine du droit basque antique où nous appelle l'étude d'une curieuse institution rapportée aussi par Strabon, celle de la couvade.

II. *La Couvade.* — En nous parlant des Ibères, auxquels il faudrait rattacher les Basques, Strabon nous dit que chez eux « quand la femme est accouchée, le mari la remplace au lit et se fait servir par elle » (Strabon, liv. III). Ce fait, diversement interprété par les juristes, n'est pas aussi rare qu'on serait tenté de le croire. L'histoire des peuples nous en fournit de nombreux exemples dans l'antiquité, au moyen âge et même dans les temps modernes. En effet, ce que Strabon nous dit des Ibères, Diodore de Sicile nous le dit des Corses (1); et d'après Apollonius de Rhodes, les Tibareni, peuples établis sur les bords du Pont-Euxin, pratiquaient le même usage. Cet usage a-t-il aussi existé dans le pays basque moderne ? Augustin Chaho l'affirme pour la Biscaye. Eugène Cordier regrette de ne l'avoir pas vu fonctionner de près dans la Basse-Navarre et la Soule où il s'est rendu, mais il penche

---

(1) Diodore de Sicile, V, 11.

pour l'affirmative d'après les renseignements qu'il s'est procurés dans ces deux provinces. Le Béarn paraît avoir pratiqué le même usage, et c'est là que nous le trouvons désigné sous le nom expressif de *coubade* ou couvade (1) qui rappelle que chez certains oiseaux, comme les pigeons, le mâle couve tout aussi bien que la femelle. Le célèbre voyageur Marco Polo témoigne de l'existence de cette institution dans le Thibet (2) et de nos jours on en trouverait aussi des exemples, paraît-il, chez certains peuples de l'Amérique du Sud, ou encore chez quelques peuples à l'ouest de l'archipel indien. Pour ce qui est du pays basque moderne, on prétendrait qu'on y trouve encore quelques exemples isolés de couvade. Dans ce cas, la grande masse des habitants sont loin de soupçonner l'existence d'une pareille bizarrerie chez eux, et il semblerait assez paradoxal d'admettre que des étrangers, par une faveur spéciale du hasard, aient pu sur ce point satisfaire leur curiosité mieux que des indigènes. Monsieur Bladé, dans ses fréquents voyages au pays basque, a péniblement cherché et sans succès des endroits où l'on pratiquait encore la couvade. Personnellement, nous sommes d'avis qu'un Basque ne peut pas affirmer sans sourire l'existence actuelle de cette institution dans son pays.

Quoi qu'il en soit, la couvade aurait existé chez les Basques contemporains de Strabon, et cette

---

(1) Legrand d'Aussy, *Fabliaux ou Contes*, t. III. Voir une note de l'auteur au fabliau d'Aucassin et Nicolette.
(2) Peregrinatio Marco Poli (lib. II, cap. XLII) (en latin du XIVe siècle).

raison nous suffit pour nous intéresser à la discussion que soulève parmi les juristes l'interprétation de cette singulière pratique.

L'Allemand Bachofen y a vu une forme barbare de l'adoption (1); d'après lui, le fait par le père de remplacer auprès de l'enfant la mère qui vient d'accoucher équivaudrait de sa part à une affirmation de sa qualité de père, à une reconnaissance de paternité. D'autres ne voient dans la couvade qu'une pratique superstitieuse dénotant un peuple dans l'enfance, et les conséquences ne sont pas les mêmes dans ces deux opinions.

Les partisans de la première se servent de cet usage comme d'un marchepied pour remonter à l'antiquité la plus reculée et nous dire que la promiscuité des sexes fut la forme primitive du mariage dans les origines de l'humanité. Le libre commerce des sexes, disent-ils, n'établissait pour l'enfant de filiation certaine qu'à l'égard de sa mère, et la plus grande incertitude planait sur sa filiation paternelle. Plus tard, quand, sous l'influence de la civilisation, les mœurs de l'humanité commencèrent à s'adoucir, le communisme conjugal tendit à disparaître avec la grossièreté des sociétés primitives ; mais l'union des sexes ne fut pas brusquement soumise à une réglementation régulière, et c'est dans une période transitoire qu'il faudrait placer l'usage que nous désignons ici sous le nom de couvade. Dans cette période, la paternité n'était pas encore bien certaine, et celui

(1) Bachofen. Das Mutterrecht. Stuttgard, 1861, p. 256.

qui voulait en revendiquer l'honneur recourait aux actes symboliques de la couvade pour affirmer de la sorte sa qualité de père à l'égard du nouveau-né.

En procédant ensuite par voie d'induction, les partisans de cette théorie, après avoir cru établir la promiscuité primitive des sexes, se fondent sur ce fait pour affirmer la priorité chronologique de l'État sur la famille. L'histoire des sociétés primitives aurait donc fait un grand pas si on pouvait *de plano* admettre la théorie de Bachofen ; mais si les partisans de l'opinion contraire nous prouvent qu'il ne faut chercher l'origine de cette curieuse institution que dans certaines croyances superstitieuses de ceux qui la pratiquent, nous voyons crouler tout l'échafaudage élevé par Bachofen et ses adeptes.

C'est dans la même voie que nous nous engageons de préférence ; la couvade nous paraît être simplement le résultat de superstitions grossières admises par des peuples encore jeunes et portés à interpréter avec moins de raison que d'imagination les phénomènes les plus naturels de l'existence, tels que ceux de la paternité et de la maternité. Il y a des peuples, par exemple, qui sont convaincus de l'existence d'un lien mystérieux entre le père du nouveau-né et ce dernier ; ce sont des croyances de ce genre qui dictent à certains sauvages de l'Amérique du Sud l'observation des usages barbares qu'ils s'imposent à la naissance de leurs enfants et qui doivent influer, d'après eux, sur la vie et la santé du nouveau-né. A cette occasion, les Guaranis s'astreignent à un jeûne de plusieurs jours (1). Les sauvages de la Guyane française se réfugient dans un hamac au faîte de leur maison, et observent un jeûne des plus rigoureux (2). D'autres vont s'enfermer dans un hamac, comme les naturels du Brésil, et s'y font soigner jusqu'à ce que le cordon ombilical de l'enfant soit tombé (3). Nous lisons, dans une *Revue d'anthropologie* de 1894, que certains peuples à l'Ouest de l'archipel indien se livrent à des pratiques du même genre : « Ceux-ci croient, dit l'auteur de l'article, à une sympathie des plus intimes entre le père et l'enfant, et veulent que le premier, dans tous ses actes, songe constamment au dernier. D'où une foule de prescriptions et de règles à observer par le mari pendant la grossesse de la femme et par la femme elle-même. Toutes les choses défendues sont désignées sous le nom de *mamoni*. Si le mari ou la femme oublie de les respecter, il peut en résulter de grands malheurs ; par exemple, le placenta peut rester dans l'utérus, l'enfant peut venir au monde mort ou avec des défauts considérables : bec de lièvre, torticolis, pied bot, etc... Ces conséquences peuvent atteindre l'enfant jusqu'à l'âge de quatre ans » (4).

(1) Le père P. F. X., de Charlevoix.— *Histoire du Paraguay*, (tome I, livre IV, page 295).

(2) Bellin. — *Description géographique de la Guyane*.

(3) Southey. — *History of Brazil*, page 238. « Immediately after the delivrance of his wife, he takes to his hammock, cover himself up, and is nurst there till the navel string of the infant has dried away ».

(4) *L'Anthropologie, paraissant tous les deux mois*, 1894, tome V, n° 3. Mai-Juin.

Tous ces exemples démontrent de combien de superstitions est entourée la naissance d'un enfant chez certains peuples sauvages. Pour les uns, la santé du nouveau-né dépend des soins que le père se donne à lui-même ; d'autres s'imaginent, quand ils ont donné la vie à un enfant, que cette vie est par cela même diminuée dans son auteur, et, dans ce cas, la peur de mourir les pousse à se donner les mêmes soins que si leur propre santé était en danger. D'autres fois, le père de l'enfant prend place au lit auprès du nouveau-né ; il le réchauffe par son contact et croit lui transmettre ainsi le courage et la force dont il est lui-même doué (1).

Quel sens convient-il de donner à l'usage de la couvade chez les anciens Basques? Augustin Chaho, dans son *Voyage en Navarre*, l'explique par la légende d'Aïtor. Ce père des Eskualdunak, nous dit la légende, eut un fils durant son exil sur la montagne. Craignant pour la vie de l'enfant, s'il le laissait seul avec sa mère, Aïtor le prit sous sa garde, pendant que la mère allait quérir la nourriture de toute la famille. C'est depuis lors, dit Chaho, et en souvenir de leurs premiers parents, que les Basques auraient conservé l'usage symbolique de la couvade.

L'explication de Chaho est trop fantaisiste pour nous contenter. Ce n'est pas à dire pourtant qu'il faille voir dans la couvade basque une reconnaissance tacite de paternité. Indépendamment des raisons générales que peuvent alléguer en leur faveur

---

(1) *De l'Organisation de la famille chez les Basques*, pages 23 et suiv.

les adversaires de Bachofen, il y en a de très spéciales pour nous donner à croire que les Basques, quand ils pratiquaient la couvade, agissaient sous l'empire de la superstition. Les Basques, s'il faut en croire l'histoire, étaient en effet un peuple profondément superstitieux, et ils le sont encore aujourd'hui. Au commencement du XVIIe siècle, notamment, ils étaient complètement adonnés à la sorcellerie, au point que le Parlement de Bordeaux s'en émut et envoya dans le Labourd les magistrats de l'Ancre et Despagnet, avec mission de punir sévèrement les faits de sorcellerie dont ils pourraient se rendre compte (1). Les rigueurs dont ils usèrent, leurs hécatombes de sorciers et de magiciens, ne corrigèrent pas complètement les Basques, car il n'est pas rare, même de nos jours, d'entendre parler, au pays basque, des sorciers *(sorguinak)*, de leur sabbat appelé *akhelarre*, des lieux où se tiennent les séances et des gens qui, de très bonne foi, sont soupçonnés d'y assister. Dans sa simplicité, le Basque croit assez souvent aux revenants ; il professe à l'égard du diable une crainte qui se traduit par ses jurements : *Debrien arima* (âme du diable); *Debrien bisaia* (figure du diable). Son imagination a enfanté des fantômes redoutables, tels que *Bassa-Jauna*, le Seigneur sauvage, dont les hurlements, mêlés à ceux de la tempête, ont été entendus le soir par plus d'un paysan attardé dans les bois. C'est avec une entière naïveté que le

---

(1) De l'Ancre. *Tableau de l'inconstance des mauvais anges et démons, où il est amplement traicté des sorciers et de la sorcellerie.* Paris, 1612.

Basque désignera au visiteur étranger la grotte d'Isturitz, par exemple, comme hantée par des êtres velus, à la face humaine, sortes d'anthropoïdes qu'ils appellent *laminak*. Mettez le paysan basque sur le terrain de l'anatomie, questionnez-le sur les phénomènes de la paternité et de la maternité, si fréquents pourtant dans l'existence, et vous serez étonné peut-être des fables dont sa crédulité vous entretiendra, à la condition toutefois de capter au préalable sa confiance, car le Basque ne la prodigue pas toujours.

Après cela, n'est-il pas naturel d'admettre que l'institution de la couvade chez les anciens Basques cachait sous ses apparences grossières un fonds de superstition qu'on s'explique facilement quand on connaît ce peuple. Il n'est donc pas nécessaire, comme le font Bachofen et ses disciples, de rechercher dans les origines du mariage l'interprétation de cette habitude grotesque. S'il s'agissait d'ailleurs de démontrer que les Basques primitifs pratiquaient le libre commerce des sexes antérieurement à toute réglementation du mariage, l'existence du matriarcat, fonctionnant chez eux à l'époque des invasions romaines, serait une preuve plus décisive que toutes les autres. Les partisans de la promiscuité primitive des sexes expliquent en effet le régime matriarcal comme reposant sur l'incertitude de la paternité chez un peuple. Or nous avons vu que le matriarcat basque ne supposait aucun doute sur la filiation paternelle de l'enfant et n'était en réalité que la conséquence logique de l'existence à la fois guerrière et pastorale de ce peuple, à une certaine époque. Par ailleurs, il est un fait qui, sur ce sujet, nous paraît plus persuasif que tous les raisonnements : c'est que les anciens Basques étaient monogames, comme le prouve le silence des historiens latins à cet endroit. Si le contraire eût été vrai, ils n'auraient pas manqué de nous le dire, comme ils le faisaient régulièrement pour tous les peuples qui offraient quelque particularité au point de vue du mariage.

Toutes ces raisons, à notre avis, ne laissent subsister aucun doute sur le sens à donner à l'institution de la couvade. Ce n'était qu'une triviale manifestation des superstitions que professaient les anciens Basques sur les rapports du père avec le nouveau-né. Peut-être ces gens, renommés pour être particulièrement rudes et belliqueux, s'imaginaient-ils, par leur contact avec l'enfant, lui communiquer la force, l'énergie, l'endurance qu'ils ressentaient en eux-mêmes et qui leur étaient si nécessaires alors pour se défendre, eux, petit peuple, contre ces innombrables armées d'étrangers qui venaient à tout instant menacer de détruire leur indépendance.

Sous une telle apparence, l'institution de la couvade n'offre plus autant d'intérêt pour le juriste. C'est pourquoi nous clôturerons ici cette étude pour entreprendre celle du droit coutumier des Basques au moyen âge.

CHAPITRE II

MOYEN AGE

CONDITIONS DES PERSONNES EN DROIT PRIVÉ

Remarques générales. — Le mariage. — Le droit d'ainesse. — La puissance paternelle. — L'autorité maritale. — La tutelle et la curatelle.

I. — REMARQUES GÉNÉRALES

C'est dans le texte des coutumes rédigées de Labourd, Soule et Basse-Navarre, qu'on trouve les dispositions législatives concernant la condition privée des Basques au moyen âge. En dehors de ce recueil, les documents relatifs à la question sont rares. Aussi nous en inspirons-nous presque uniquement.

Mais il est impossible de suivre dans cette étude le plan des rédacteurs des coutumes, car la réglementation du droit des personnes y fait l'objet de dispositions éparses qu'il a fallu réunir dans les différentes parties de ce chapitre. Alors, il eût été plus logique de suivre l'ordre naturel des choses et de traiter en premier lieu du *mariage*, qui est l'institution fondamentale du droit des personnes ; à la suite viendrait l'étude de l'*autorité maritale* et de la *puissance paternelle,* auxquelles le mariage donne naissance ; et en dernier lieu se placerait l'étude du *droit d'ainesse,* qui ne s'exerce qu'au décès des parents.

Dans l'intérêt de la clarté et à cause de la conception particulière de la condition des personnes par le droit coutumier basque, il a fallu intervertir l'ordre logique de cette étude et classer les matières dans l'ordre suivant : *le mariage, le droit d'ainesse, la puissance paternelle, l'autorité maritale.* La *tutelle* viendra en dernier lieu et fera l'objet d'une courte étude en raison de l'intérêt relativement restreint qu'elle présente.

Nous avons jugé inutile de consacrer un chapitre spécial aux *enfants naturels* et à la *légitimation.* Des trois coutumes basques, celle de Basse-Navarre seule parle des enfants naturels, dans un article unique où il est dit qu'ils seront dotés par les parents sur les biens acquêts de ces derniers, ou, à défaut, nourris par l'héritier jusqu'à l'âge de seize ans, si toutefois ses moyens le lui permettent (Basse-Navarre, rub. XXVII, art. XIV). Dans l'article VI de la même rubrique, la coutume laisse supposer que la légitimation s'obtenait en Basse-Navarre sur la demande des parents naturels ; elle devait s'obtenir sans doute par lettres patentes du Roi et par mariage, comme dans le droit coutumier français. Pensant qu'il n'y avait pas, dans ces dispositions si brèves, matière suffisante pour un chapitre, nous avons omis d'en faire une étude distincte, pour nous en tenir au plan que nous avons déjà dressé.

En droit privé, comme en droit public, la législation basque du moyen âge forme un corps de lois complètement original. Nous tâcherons, dans le cours de ce travail, de la dégager des influences étrangères qui peuvent l'obscurcir dans certaines de ses parties, afin de mieux en faire ressortir les caractères propres qui en font une législation nettement différente des autres législations contemporaines.

Mais il est un phénomène qu'il importe de remarquer, sans aller plus loin. Le droit basque, avec ses particularités, ne se confine pas toujours dans les limites du pays basque lui-même. Il a parfois des échappées assez curieuses. L'esprit qui l'a dicté se fait sentir dans la législation de quelques peuples voisins, notamment dans certaines coutumes des Landes, dans les coutumes du Béarn, de Barèges et du Lavedan. Toutefois, ces traces de législation basque ne se révèlent qu'autour du pays même et dans un rayon relativement restreint, ce qui nous porte à en chercher la cause dans le fait, que nous connaissons déjà, de l'envahissement de la Novempopulanie par les Vascons ou Basques, vers la fin du VIe siècle. D'après ce que donnent à entendre les historiens contemporains, les Basques auraient poussé leurs expéditions jusqu'aux rives de la Garonne, vers le Nord, et il est probable qu'avant de se confiner entre l'Adour et les Pyrénées, ils durent chercher à s'étendre aussi du côté de l'Est. Il se pourrait bien que, la grande masse des envahisseurs ayant été contenue dans le pays appelé aujourd'hui pays basque, quelques colonies se soient fixées dans les contrées environnantes et surtout dans la région montagneuse du Béarn, de Barèges et du Lavedan ; ce que le docteur Collignon nous fait observer concernant la persistance du type basque dans le canton d'Aramits dut se produire ici pour la législation privée qui survécut à la disparition de la race et de l'idiome. On pourrait aussi peut-être supposer, avec quelque vraisemblance, que les peuples de ces contrées ont vécu, dans l'antiquité, de la même existence guerrière et pastorale que les Basques ; leur droit privé, dans ce cas, de même que celui des Basques, ne serait qu'une forme dégénérée de l'organisation matriarcale, commune à tous ces peuples, en raison même de la similitude des conditions sociales dans lesquelles ils se sont trouvés à une certaine époque de leur histoire.

Bref, quelque explication que l'on veuille donner de ce phénomène, nous nous bornerons, quant à nous, à signaler en passant les points de ressemblance que le droit basque du moyen âge peut offrir avec le droit coutumier des pays voisins. Le droit coutumier de Bayonne, qui est très mêlé, fera aussi l'objet de quelques petites remarques.

II. — LE MARIAGE

Les coutumes basques nous fournissent très peu d'indications concernant le mariage.

Si l'on considère que le mariage est en même temps un contrat et un état civil, distinction que faisaient déjà les juristes du moyen âge quand ils parlaient du mariage *in fieri* et du mariage *in esse*, on peut dire que le droit basque s'est plutôt préoccupé de réglementer le mariage à ce second point de vue. La situation respective des époux après le mariage et leur situation vis-à-vis de leurs enfants, leur rôle dans la société et principalement le règlement de leurs conventions pécuniaires, sont prévus par les coutumes basques. Elles semblent négliger, au contraire, de s'occuper du mariage sous son premier aspect, c'est-à-dire *in fieri*, ce qui d'ailleurs s'explique très bien. Car le mariage n'est pas seulement un contrat civil, c'est aussi un acte religieux, et, à ce titre, il entre dans les prévisions du droit canonique. Dans les pays chrétiens, tout fait juridique qui touchait en même temps à la religion était abandonné par le droit civil au droit canonique, qui s'occupait exclusivement de le réglementer. Or, l'Eglise considère le mariage comme un acte essentiellement religieux, comme un sacrement. C'est donc dans le droit canonique qu'il faudrait chercher des indications concernant l'âge requis pour se marier, l'échange des consentements, les empêchements soit dirimants, soit prohibitifs, etc. Toutes ces théories n'offrant rien de spécial au droit basque, ce serait sortir des bornes de ce travail que d'en faire l'étude.

Toutefois, avant de passer outre, il n'est peut-être pas inutile de préciser un point : c'est que, même d'après le droit canonique, qui considérait le mariage comme un sacrement, le seul consentement des parties suffisait à nouer le lien religieux du mariage, en dehors de toute intervention du prêtre,

C'est dans l'échange des consentements que réside le sacrement de mariage et nullement dans la cérémonie religieuse qui l'accompagne. Si la comparution devant le prêtre est aujourd'hui exigée, à peine de nullité, par l'Eglise, elle n'est en somme qu'une formalité externe rendue nécessaire par le Concile de Trente, en 1563, pour la validité de l'acte religieux. Avant cette époque, la validité du sacrement était absolument indépendante de la présence du prêtre. C'est là un fait dont on ne se rend pas toujours compte ; on lit notamment dans un auteur qui retrace la législation primitive des Basques, la phrase suivante : « Le for n'exige aucune intervention du prêtre dans la célébration du mariage qu'il considère comme un contrat civil » (1). C'est tout simplement la question de la sécularisation du mariage que l'auteur précité reporte à une époque si lointaine et qu'il nous montre tranchée par le for de Navarre au détriment de l'Eglise. Le fait mériterait qu'on s'en occupe s'il avait en réalité l'importance qu'on lui attribue ; mais affirmer de la sorte que le for de Navarre n'exigeait pas l'intervention du prêtre pour la validité du mariage, c'est dire une chose qui n'en vaut guère la peine, quand on songe qu'à cette époque l'Eglise elle-même n'exigeait pas la comparution devant le prêtre pour la validité de l'acte religieux. On ne peut donc pas accuser le for d'avoir voulu faire du mariage un contrat purement civil. Précédant l'Eglise, qui devait plus tard réglementer elle-

---

(1) De Lagrèze. *La Navarraise Française*, tome II, page 168.

même la célébration du mariage, le for primitif ne faisait qu'édicter des formalités qui devaient aux yeux du public marquer d'une façon plus nette le nouvel état des époux dans la société.

Il suffirait donc de consulter le droit canonique du moyen âge pour connaître la réglementation du mariage chez les Basques. Il est un point cependant qui est prévu par leur droit coutumier : c'est la fixation d'une majorité matrimoniale pour les futurs époux. Parvenues à l'âge de puberté, deux personnes de sexe différent sont aptes, suivant le droit naturel, à contracter mariage ensemble. Mais le droit civil prévoit d'habitude le cas où l'une ou l'autre de ces personnes, ou toutes les deux, sont encore sous la puissance de leurs ascendants. Dans ce cas, le consentement de ces derniers est requis par la coutume pour la formation du lien conjugal, et la coutume fixe en même temps une majorité matrimoniale, c'est-à-dire un âge passé lequel les époux peuvent impunément se marier sans le consentement de leurs parents. La coutume du Labourd fixe la majorité matrimoniale à vingt-huit ans pour les garçons, vingt ans pour les filles (Labourd, XII, 10) ; les âges correspondants sont de vingt-cinq et dix-huit ans dans la Soule (Soule, XXVIII, 26), vingt-cinq et vingt dans la Basse-Navarre (Basse-Navarre, XXIV, 6). Jusqu'à cet âge, la coutume exige que les fiancés soient munis de l'autorisation de leurs parents, et si cette autorisation leur manque, la coutume édicte une pénalité contre les enfants désobéissants. La sanction n'est cependant pas la même dans les trois provinces, car si le for de Basse-

Navarre considère l'absence du consentement des parents comme un empêchement dirimant au mariage des enfants, c'est-à-dire entraînant de droit la nullité de ce mariage, les coutumes de la Soule et du Labourd ne voient dans cette absence qu'un empêchement simplement prohibitif. En cela, les deux coutumes de Soule et Labourd concordaient davantage avec le droit canonique qui ne considère pas l'absence du consentement des parents comme un empêchement dirimant. Nous verrons dans la suite que les coutumes basques édictaient une sanction plus efficace au cas où les enfants se mariaient contre le gré de leurs parents sans avoir atteint la majorité matrimoniale. La question se représentera sous le titre de la *Puissance paternelle*, où elle fera l'objet d'un examen plus sérieux.

Il nous suffit pour le moment de savoir que c'est l'un des rares points sur lesquels se prononce le droit coutumier basque concernant le mariage. Il donne en revanche plus de détails sur les autres institutions du droit des personnes auxquelles le mariage donne naissance, telles que le droit d'aînesse, la puissance paternelle, etc.

III. — LE DROIT D'AINESSE

C'est dans sa conception particulière du droit d'aînesse que se révèle principalement l'originalité du droit coutumier des Basques.

Tandis qu'autour d'eux, la société guerrière de la féodalité, ayant son principal appui dans son prestige militaire et chevaleresque, ressentait la nécessité d'appliquer le droit d'ainesse avec privilège de masculinité, pour avoir un mâle et surtout un guerrier à la tête de la famille, la société basque était mue par un intérêt tout différent. Du régime pastoral, dont elle s'était presque uniquement accommodée dans l'antiquité, avec le matriarcat pour conséquence, elle était passée, par suite de ses relations avec les Romains, à un régime à la fois pastoral et agricole qui devait influer, comme nous l'avons vu, sur l'esprit de sa législation privée. En effet, tandis que, dans l'antiquité, l'organisation matriarcale de la famille basque appelait les filles à succéder à leurs parents, à l'exclusion des mâles, la société du moyen âge, par une concession très remarquable aux exigences de l'agriculture, admettait l'aîné des enfants, garçon ou fille indifféremment, à recueillir l'héritage laissé par les ancêtres.

Cette application du droit d'aînesse sans distinction de sexe est d'une importance capitale dans le droit coutumier des Basques. Nous la trouvons clairement exposée par la coutume du Labourd, quand elle nous dit : « Es biens ruraux avitins, le premier enfant de loyal mariage succède à ses père et mère, soit fils ou fille. » (Labourd, xii, 3). La coutume de Soule pose le même principe (Soule, xxvii, 3). Il ne ressort pas aussi nettement dans le for de Basse-Navarre, dont la rédaction est d'ailleurs très défectueuse à cet endroit. Mais plusieurs dispositions supposent nécessairement l'application, dans ce pays, du droit d'aînesse absolu. (Voir Basse-Navarre, xxiv, 3, 8, 11, etc.)

Le chevalier de Béla, commentateur de la coutume de Soule, nous a laissé son opinion sur cette façon de concevoir le droit d'aînesse. N'envisageant sans doute que la conformité de cette disposition du droit indigène aux conditions sociales dans lesquelles vivaient les Basques de son époque, et se souciant peu de la rattacher, à titre de survivance, à l'antique organisation de la famille basque, il nous dit qu'il faut voir dans cette institution le désir d'établir le plus rapidement possible un nouveau ménage à la place de l'ancien (1). En effet, il arriverait parfois qu'au décès des parents, l'aîné des mâles ne fût pas encore parvenu à l'âge qui lui permettrait de gérer lui-même son patrimoine. Faut-il donc laisser déchoir la maison ? C'est ce qui arriverait peut-être fatalement. Mais le droit d'aînesse, au lieu de se fixer sur sa tête, se fixera sur la tête de sa sœur aînée, déjà mariée, ou qui, dans tous les cas, réunira la première les conditions voulues pour cela. Le mari qu'elle prendra viendra habiter sous le même toit qu'elle et sera qualifié par la coutume de mari « adventice. » Le domaine délaissé par suite du décès des maîtres passera sous une direction nouvelle, et souvent la prospérité des affaires s'en ressentira favorablement, car, nous dit Béla : « Les dits maris adventices se rencontrent d'ordinaire des hommes recuits et habilités aux affaires » (2).

Ainsi interprété, ce droit d'aînesse sans distinc-

---

(1) Nous verrons, à la fin du chapitre, ce qu'il faut penser de cette opinion qui ne renferme, d'après nous, qu'une part de vérité.

(2) Commentaire manuscrit du juge Béla, xxvii, 2.

tion de sexe révèle le profond attachement du Basque pour sa maison natale, dont la prospérité constitue son principal souci. Cette préoccupation de voir prospérer le domaine légué par les ancêtres et de le conserver autant que possible dans la famille, ressort à toutes les pages du droit basque. C'est elle qui pose ce système successoral si bizarre au premier abord et qu'on s'explique si bien quand on a pu se rendre compte de l'esprit dans lequel il a été conçu ; elle aussi qui dicte, dans la législation des Basques, un retrait lignager si sévère (1) et qui rend si périlleuse la situation des créanciers. Car la transmission par droit d'aînesse des biens avitins ou papoaux produisait à l'égard de ceux-ci presque tous les effets d'une véritable substitution. Mais, une fois admis le principe du droit d'aînesse sans distinction de sexe, il faut admettre aussi ses conséquences, et nous verrons ultérieurement à quel point les coutumes basques sont favorables à l'égalité de l'homme et de la femme. L'étude de la famille basque nous fera voir, en effet, la femme héritière prenant en mains le gouvernement du groupe domestique, exerçant une sorte de suprématie sur le mari dotal et jouissant sur ses enfants des prérogatives attachées d'ordinaire à l'exercice de la puissance paternelle.

Mais, auparavant, il convient de délimiter avec précision la zone d'application, dans le pays même, du droit d'aînesse basque, car, malgré sa conception absolue, le principe ne laissa pas que de fléchir,

---

(1) Labourd, vi. — Soule, xix. — Basse-Navarre, xxii.

dans certains cas, sous des influences extérieures. Notamment les principes de la féodalité, qui avaient pénétré insensiblement dans l'organisation intérieure de la société basque, s'introduisirent aussi dans le droit privé indigène ; mais il faut reconnaitre que les applications qu'on en fit y conservèrent le caractère d'exceptions à côté du droit commun. Ainsi, dans le but de réglementer la société féodale qui vivait, dans le pays, parallèlement avec la société indigène plutôt rebelle par sa nature à la constitution d'une hiérarchie sociale, la coutume donna asile à des dispositions qui consacraient le droit d'ainesse avec privilège de masculinité. La coutume du Labourd, dans l'article 1er de la rubrique « des successions des décédez sans testament », nous dit en termes formels que « Es maisons et héritages nobles, à celui qui est décédé sans testament, délaisse plusieurs enfants, succède le premier enfant mâle... s'il n'y a enfans que d'un mariage. »

Les derniers mots de cet article nous indiquent toutefois une restriction que l'article 2 de la même rubrique développe en ces termes : « Mais s'il y a des enfants de divers mariages et du premier n'y a que des filles, la fille ainée du premier mariage succède et exclut tous les enfants des autres mariages, posé qu'il y en ait de mâles. » Il n'est pas nécessaire de commenter le texte de cet article pour y voir simplement un retour au droit commun dans une hypothèse particulière. Le droit féodal rigoureux eût voulu que la fille ou les filles du premier mariage fussent exclues de la succession de l'ancêtre commun par l'aîné des mâles du second mariage. Mais le droit indigène reprend son empire et décide d'appliquer, dans ce cas, le droit d'aînesse, sans distinction de sexe.

Toutes les dispositions précédentes se retrouvent dans les coutumes de Soule et de Basse-Navarre qui, dans leur ensemble, sont généralement conformes à la coutume du Labourd. Mais la coutume de Soule mérite une attention particulière à cause de la longue énumération qu'elle donne de divers domaines de la province, dont chacun jouit d'une législation propre, conformément à la maxime relatée par Oïhenart dans son recueil :

« Herrick beren legea, etcheek beren astura ».
« Chaque pays a sa loi, chaque maison sa coutume ».

Parmi ces maisons, les unes sont réglementées par le droit féodal. Tel est le cas, par exemple, des maisons du territoire de Montori, où les filles sont toujours exclues par les mâles : « En la parropie et bore de Montori, hereten los filhs, excluses las filhes » (Soule, XXVII, 4). Les articles 3, 5, 6, 7 nous offrent des exemples du même genre.

Plus nombreuses sont les maisons qui jouissent du privilège d'être régies par le droit national, dans lesquelles par conséquent hérite l'aîné, mâle ou femelle indifféremment. L'énumération serait trop longue à retracer ; on peut la retrouver dans le texte de la coutume, où elle fait l'objet d'une série d'articles (Soule, XXVII, art. 7 à 18).

C'était donc un privilège, disons-nous, pour les domaines de la Soule d'être régis, au point de vue du droit d'ainesse, par le droit national basque. Ce privilège appartenait en principe aux domaines ruraux ou roturiers, c'est-à-dire aux domaines indépendants qui échappaient à l'organisation féodale du droit de propriété, et cependant, malgré la défaveur qui s'attachait d'habitude à l'idée de roture, grand nombre de maisons nobles considéraient comme un avantage de pouvoir en bénéficier, ainsi qu'en témoignent les dispositions indiquées de la coutume de Soule. D'après Béla, c'était aussi un subterfuge employé fréquemment par ceux qui voulaient avantager leur fille aînée (1).

Le droit d'ainesse absolu, tel que l'admettait la législation indigène des Basques, entrainait comme conséquence logique le régime dotal pour réglementer la situation pécuniaire des époux. L'époux adventice, le mari ou la femme, suivant les cas, vient avec une dot s'établir sur la propriété de son conjoint. Il serait intéressant d'étudier ce régime matrimonial dans ses conséquences, soit pendant le mariage, soit après sa dissolution par le décès de l'un des époux. Mais la délimitation de notre sujet ne nous permet pas de le faire.

Le droit d'ainesse, dans les coutumes basques, était grevé de certaines charges, comme on peut s'en rendre compte en se reportant à l'époque où il s'exerce normalement, c'est-à-dire à la mort de l'époux propriétaire des biens de lignée. Le décès de l'époux adventice ne change rien à la situation respective des membres de la famille qui reste tou-

---

(1) Béla. *Sur la coutume de Soule*, xxvii, 2.

jours gouvernée par le survivant. Mais, au décès de l'époux propriétaire des biens de lignée ou biens avitins, la situation subit des transformations intéressantes. Le gouvernement de la famille ne demeure pas entre les mains du survivant des époux ; il passe, avec la propriété des biens avitins ou papoaux (1), à l'aîné héritier qui, par le fait même, est aussi tenu des charges correspondantes. C'est lui qui devra nourrir, élever, établir ses frères et sœurs plus jeunes, en sa qualité d'héritier des biens de lignée et « selon la faculté d'iceux (Labourd, xii, 19) (2) ; si ses frères et sœurs sont mineurs, c'est lui qui, en qualité de maître de maison, gérera en fait leur tutelle, quoiqu'en droit le survivant des père et mère en soit investi.

Le mariage de l'aîné, effectué du vivant de ses parents ou après le décès de l'un d'eux, peut aussi engendrer des situations curieuses que nous aurons occasion de retrouver sous le titre de la *Puissance paternelle*.

On voit, par cet exposé, combien la position de l'aîné était délicate chez les Basques, surtout quand le droit d'aînesse reposait sur la tête d'une femme, toujours moins apte qu'un homme à gérer les inté-

---

(1) Les coutumes basques appellent ainsi les biens que les enfants tiennent de leurs ancêtres par opposition à une autre catégorie de biens désignés sous le nom d'acquêts. Ils dérivent du mot latin *avus* et du mot grec *papos* qui ont tous les deux la même signification.

(2) Disposition correspondante : Soule, xxvii, 35. Le for de Basse-Navarre décide que quatre des plus proches parents seront chargés du soin de faire doter les puînés d'une famille par l'héritier. (B. N., xxvii, 8 et suiv.).

rêts d'une famille entière, sans compter que les exemples de familles nombreuses sont très fréquents chez les Basques.

Les prérogatives attachées au droit d'ainesse entraînaient donc avec elles de lourdes responsabilités, par application du principe : *Ubi emolumentum ibi onus.*

En revanche, les cadets, dont les émoluments étaient relativement faibles dans la succession de leurs ascendants, n'avaient que la responsabilité de leur propre personne. Placés par la coutume dans un état de sujétion extrême à l'égard du chef de famille, ils lui doivent leurs services, tant qu'ils ne sont pas mariés, et ne peuvent pas quitter la maison natale sans encourir certaines déchéances. On peut résumer leur situation jusqu'au mariage, en disant qu'ils ne sont, dans la maison natale, que des domestiques sans gages, soit du vivant du chef de famille, soit, après son décès, du vivant du frère aîné ou de la sœur aînée qui le remplace. Mais, s'ils se soumettent aux obligations qui leur sont dictées par la coutume, leur sort est assuré par celle-ci. Car les père et mère, et, après leur décès, l'aîné des enfants, sont tenus de pourvoir à leur établissement, comme on peut le conclure par argument *a contrario* d'un article de la coutume du Labourd, répété par les deux autres coutumes, et qui nous dit : « S'ils ont été mariés par les père et mère, aïeul ou aïeule, ou l'un d'eux, ne peuvent aucune chose quereller en la succession » (Labourd, xii, 20).

Par le même fait, l'article précité nous signale un

cas où les cadets sont définitivement éliminés du partage des biens de lignée. Il est un autre cas où ils ne sont pas davantage admis à réclamer une dot, c'est celui où ils quittent la maison natale sans le consentement du chef de famille (Labourd, xii, 19. — Soule xxvii, 34). Des dispositions analogues se retrouvent également dans certaines coutumes du pays béarnais. L'article 75 du for de Morlaàs dispose que les cadets, s'ils quittent leur maison natale, ne peuvent désormais exiger une légitime qu'en rapportant ce qu'ils ont gagné ailleurs. Les coutumes de Barèges et du Lavedan les astreignent à un rapport semblable. Toutes ces dispositions, ainsi que les dispositions correspondantes des coutumes de Labourd, de la Soule et de la Basse-Navarre, sont dictées en somme par le même principe économique en vertu duquel les cadets doivent servir, dans la maison natale, d'ordinaire jusqu'à leur mariage. Elles diffèrent entr'elles, en ce sens que dans les coutumes de Morlaàs, de Barèges et du Lavedan, les cadets qui ont quitté leur maison natale peuvent cependant réclamer leur légitime, moyennant le rapport de leurs bénéfices, tandis qu'ils la perdent définitivement dans les provinces de Labourd et de Soule.

L'établissement de cette légitime ne paraît pas conforme à l'esprit du droit coutumier basque, qui serait plutôt favorable à l'application du droit d'aînesse dans toute sa rigueur. L'attribution universelle des biens à l'aîné s'impose en effet d'elle-même quand on admet le principe du droit d'aînesse, et les fors voisins du Béarn ne se départirent jamais de cette règle. C'est donc avec raison sans doute qu'on a suspecté la jurisprudence d'avoir, dans un but d'équité, emprunté l'institution d'une légitime au droit romain, et notamment au droit des Novelles, qui est le plus récent.

On peut en dire autant du système de succession aux acquêts admis par les trois coutumes basques. Les cadets, qui n'avaient dans le partage des biens avitins ou papoaux qu'une part minime et dont ils étaient encore assez facilement privés, participaient tous également au partage des biens acquêts, après toutefois qu'une somme suffisante avait été prélevée sur ces mêmes acquêts pour le paiement des dettes et des frais de funérailles. C'est ce que nous dit l'article 6, titre xii, de la coutume du Labourd, ainsi conçu : « Es acquêts du décédé sans faire testament, tous enfans de loyal mariage succèdent par égales portions, sur lesquels acquêts sont payées les funérailles et dettes, par le défaut d'eux » (1). Cette disposition paraît plus spécialement empruntée à la Novelle 118 de Justinien.

Dans le dernier état du droit coutumier basque, la situation des cadets n'était pas en somme aussi malheureuse qu'on est tenté de le croire d'abord. Sans doute l'esprit de la coutume ne leur était pas favorable, mais ils bénéficièrent de l'esprit plus libéral des légistes qui, s'inspirant du droit romain, les relevèrent de la disgrâce dans laquelle ils semblaient plongés. C'est à leur intervention que les cadets étaient redevables de l'établisse-

---

(1) Article correspondant, Soule, xxvii, 22. Le même principe ressort de la rubrique xxvii du for de Basse-Navarre.

ment d'une légitime en leur faveur et de la répartition égale des acquêts entre tous les membres de la même famille. Quoi qu'il advienne, le cadet a toujours sa part assurée dans la succession aux acquêts (1), et d'après la définition qu'en donnent les coutumes, le mot « acquêt » est très compréhensif (2), ce qu'il faut encore attribuer à une conception plus large des légistes plutôt qu'à l'esprit de la coutume elle-même.

Eugène Cordier, faisant une étude des coutumes de Barèges et du Lavedan, nous dit que, dans ces provinces, « le mariage avait généralement pour objet d'associer un aîné avec une cadette, ou une fille aînée avec un cadet. Quelquefois, il arrivait que deux familles eussent en même temps deux enfants à marier chacune et qu'une double union fût possible » (3). Pour éviter le paiement réciproque des dots, les deux cadets étaient d'ordinaire substitués dans les droits légitimaires l'un de l'autre. Cet arrangement portait le nom de *biscamby* (double échange) ou *couhouroum* (fusion) (4). La parenté juridique très accentuée que présentent ces peuples avec les Basques nous porte à croire que, dans des circonstances semblables, des arrangements du

---

(1) Encore est-il un cas où le cadet peut perdre ses droits de succession aux acquêts. C'est celui où il se marie, avant la majorité matrimoniale, sans le consentement de ses parents.
(2) Basse-Navarre, xx, 8. — Soule, xviii, 5. — Labourd, v, 7.
(3) *De l'organisation de la famille chez les Basques*, p. 88.
(4) Cordier cite, comme exemples, deux contrats de mariage, l'un de 1760, retenu par Me Magentic, notaire royal à Argelès, et l'autre de 1774, au rapport de Me Duhart, successeur de Me Magentic.

même genre devaient intervenir dans les familles basques de Labourd, Soule et Basse-Navarre.

Par suite d'un phénomène dont nous avons cherché l'explication dans l'histoire des Basques, leur conception particulière du droit d'aînesse s'étendait en dehors des limites de leur pays et se retrouvait dans les coutumes des pays environnants :

Ainsi les fors du Béarn, dans leur dernière rédaction qui se fit en 1551, sous Henri II, roi de Navarre, consacrent le droit d'aînesse et de masculinité ; mais, au dire même des commentateurs, cette disposition remplaçait le droit d'aînesse absolu, sans distinction de sexe, qui était appliqué auparavant (1). En somme, malgré la pression exercée en Béarn par l'organisation féodale, les principes du droit basque n'avaient pas complètement disparu des vieilles coutumes béarnaises et on les voyait reparaitre dès que la pression diminuait. « Telle était même, dit Cordier, sa force originelle que, même dans les hautes classes, plus imprégnées des idées et des mœurs de la féodalité guerrière, il a parfois maintenu son principe essentiel : le droit d'aînesse sans distinction de sexe, comme nous en avons vu l'exemple dans la Soule » (2).

Sous l'influence du droit romain, les coutumes béarnaises accordèrent de bonne heure aux fils de

---

(1) Voir dans les *Fors du Béarn*, par MM. Mazure et Hatoulet, une note des auteurs, page 108. De Marià, avocat au Parlement de Pau, témoigne du même fait dans son commentaire manuscrit de la coutume du Béarn.

(2) Cordier. *De l'organisation de la famille chez les Basques*, page 82.

famille la pleine propriété de ce qu'ils acquéraient par leur industrie (1).

La combinaison des articles 178 et 260 du for de Morlaàs permet aussi de conclure que le droit d'aînesse absolu était appliqué dans ce pays.

L'étude des coutumes de Barèges et du Lavedan nous révèle l'existence de la même institution dans ces contrées. On discutait même au moyen âge, dans le Lavedan, la question de savoir si les biens nobles étaient assujettis à la même règle que les autres (2).

La coutume d'Acs, aujourd'hui Dax, réformée en 1514, présente un système de succession très mêlé, dans lequel on débrouille tant bien que mal que le droit d'aînesse sans distinction de sexe était appliqué dans certains endroits, notamment entre l'ancienne et la nouvelle embouchure de l'Adour.

Les traces du droit basque sont insensibles dans la coutume de Saint-Sever. Mais, d'après Cordier, le droit d'aînesse, sans distinction de sexe, aurait été appliqué, dans ce pays, à une époque très ancienne (3).

L'influence du droit basque se fait très peu sentir dans la coutume de Bayonne, dont l'esprit est loin d'être uniforme. On y remarque, à titre de curiosité, l'attention particulière dont le législateur y entoure la « Lar » ou maison principale. Cette maison

---

(1) Voir le for réformé de Béarn, art. 1, 2 et 3, au titre de « Pay et filh ». Le for de Basse-Navarre présente des dispositions analogues : Basse-Navarre, xxiv, 1, 2, 19. — Id., xxvii, 30.

(2) Cordier, id., page 85. Voir aussi le commentaire de la coutume du Lavedan, par Noguès.

(3) Cordier, ouvrage précité, pages 93, 94, 95.

revient toujours au premier mâle ou, à défaut de mâle, à la première fille. Pour le reste, la coutume admet l'entière égalité dans les partages.

———

Telle est, dans son originalité, cette conception particulière du droit d'aînesse par l'ancienne législation des Basques. Elle est originale dans ses causes, sur lesquelles les auteurs ne sont point d'accord, et dans ses conséquences, que nous aurons occasion d'examiner dans la suite de ce travail. Envisagé au point de vue de ses causes, le principe basque du droit d'aînesse, sans distinction de sexe, a donné lieu à diverses interprétations. Eugène Cordier se demande s'il faut rattacher cette institution au principe moral qui élève la femme au niveau de l'homme. D'après une lettre que nous a écrite M. Bladé, correspondant de l'Institut, ce serait une résultante du régime pastoral dans lequel il importe peu, dit-il, que ce soit le mâle ou la femelle qui hérite. Béla, au contraire, le fait découler des exigences de l'agriculture qui veut qu'après le décès du maître, un nouveau ménage s'installe au plus tôt à la place de l'ancien et s'occupe d'exploiter le domaine héréditaire.

Pour nous, chacune de ces opinions semble contenir une part de vérité. Nous n'osons pas toutefois insister outre mesure sur celle de Cordier, car peut-être trouverait-on déplacé de notre part de louer trop fort la distinction morale de nos compatriotes. Nous sommes d'avis, à part cela, qu'il faut voir dans le droit d'aînesse basque une dégénérescence de l'ancien matriarcat, c'est-à-dire une institution issue des nécessités sociales d'un peuple autrefois pasteur et guerrier, et que des influences étrangères ont poussé un jour à s'adonner à l'agriculture, sans abandonner pourtant le régime pastoral qui est le seul praticable peut-être dans certaines régions montagneuses du pays basque.

Il nous reste maintenant à étudier le droit d'aînesse dans ses conséquences qui se font sentir, comme on le verra, dans la réglementation de la puissance paternelle et de l'autorité maritale.

IV. — LA PUISSANCE PATERNELLE

La puissance paternelle peut se définir : « L'ensemble des droits que la loi accorde aux père et mère sur la personne et sur les biens de leurs enfants jusqu'à la majorité ou l'émancipation de ceux-ci » (1).

La puissance paternelle est une institution qu'on retrouve dans toutes les législations ; mais elle subit des variations de l'une à l'autre, suivant le génie de chacune d'elles. Connue à Rome, sous le nom de *Patria potestas*, elle se transforme souvent, depuis les origines du droit romain jusqu'à sa dernière forme ; très rigoureuse au début, quand le père avait la pleine propriété de ses enfants, pouvait les vendre et possédait sur eux le droit de vie et de

---

(1) Cette définition est celle qui est donnée par M. Baudry-Lacantinerie, doyen de la Faculté de droit de Bordeaux, dans le tome I de son « Précis de droit civil », sous le titre de la *Puissance paternelle*.

mort, elle s'adoucit graduellement vers l'époque classique et au temps des empereurs, mais elle conserva toujours son caractère propre, qui était d'être perpétuelle. Chez les Germains, cette puissance portait le nom de *mundium*. Le *mundium* paternel était absolu et entraînait le *jus vitæ necisque*. Il n'était pourtant pas perpétuel comme à Rome, car le jeune Germain pouvait d'assez bonne heure s'émanciper ; c'est d'ordinaire entre douze et quinze ans qu'il était autorisé à user de ce droit.

C'est le plus souvent dans les sociétés où le groupe de la famille jouit d'une certaine autonomie, comme à Rome par exemple, où la décentralisation des pouvoirs était très grande, qu'on trouve la puissance paternelle fortement organisée. L'autonomie de la famille était un fait général dans le pays basque ; les pouvoirs n'étaient pas, dans ce pays, l'objet d'une centralisation complète : et pourtant, en dépit des règles sociales habituelles, la puissance paternelle y était relativement faible ; sur bien des points, la législation basque nous offre en effet des dispositions qui ne peuvent s'expliquer que par le génie spécial d'un peuple et qu'une critique fondée sur un point de vue moderne ne saurait accueillir favorablement.

D'abord, il y a, dans la famille basque, puissance paternelle ou maternelle, suivant les cas. Cela se conçoit bien quand on songe que cette puissance est un attribut direct du droit d'aînesse et doit, par conséquent, s'exercer de la même manière. Si donc, à la mort de l'ancêtre propriétaire du domaine de la famille, l'héritage tombe, par l'exercice du droit d'aînesse absolu, entre les mains d'une fille, c'est elle qui, dans le jeune ménage, jouira des prérogatives attachées à la puissance paternelle. Le mari qu'elle épouse, qualifié d'adventice par la coutume, ne joue qu'un rôle très effacé dans la famille.

Bien différent du despote romain ou germanique, le chef de famille basque ne jouit, à l'égard de ses subordonnés, que d'une autorité relativement faible à laquelle la coutume fait de nombreuses brèches. Celle-ci s'inspire, en effet, dans son ensemble, d'un double principe : le principe de la propagation des familles et celui de la conservation des patrimoines, dont l'application met souvent obstacle au plein exercice de la puissance paternelle. Tandis que le premier principe, celui de la propagation des familles, dicte au législateur des mesures destinées à assurer aux enfants une certaine indépendance, le second principe, celui de la conservation des patrimoines, donne naissance à des dispositions qui tendent à restreindre la liberté d'action des parents et à la subordonner, dans certains cas, à la volonté des enfants.

Il est remarquable que, d'après le droit coutumier basque, les enfants pouvaient d'assez bonne heure se marier sans le consentement de leurs parents. Nous avons déjà vu que la coutume fixait la majorité matrimoniale à vingt-huit ans pour les mâles, vingt ans pour les filles, dans le Labourd ; à vingt-cinq et dix-huit ans dans la Soule ; à vingt-cinq et vingt ans dans la Basse-Navarre (1). L'échéance

(1) Labourd, xii, 10. — Soule, xxvii, 26. — Basse-Navarre, xxiv, 6.

de la majorité matrimoniale permettait à l'enfant de se marier impunément contre le gré de ses parents.

Nous connaissons le sort du mariage contracté par les enfants avant l'âge fixé par la coutume et sans être munis du consentement de leurs parents. La coutume de Basse-Navarre prononce, dans ce cas, la double sanction de l'exhédération de l'enfant désobéissant et de la nullité du mariage (1). Dans le Labourd et la Soule, l'exhédération est au contraire la seule sanction dont la coutume frappe ceux qui se marient avant l'âge et sans le consentement requis, avec cette différence toutefois que cette déchéance n'est pas encourue de plein droit dans la Soule, mais qu'elle peut être prononcée par les parents (« poden desberetar », dit la coutume en son jargon), tandis qu'elle est encourue de droit dans le Labourd avec faculté pour les parents de rappeler l'enfant déshérité par la coutume (2). Quant à la nullité du mariage, édictée par la coutume de Basse-Navarre, on n'en trouve pas trace dans les coutumes de Soule et de Labourd. A moins d'une omission involontaire des rédacteurs de ces coutumes, le mariage des enfants serait donc valable dans ces deux provinces, quoique contracté sans le gré des parents. Nous sommes même définitivement porté à croire que la nullité dont nous parlons ne s'y trouvait pas en réalité ; car, d'après une opinion reçue par les juristes de cette époque, la déchéance encourue par l'aîné des enfants n'aurait d'effet qu'à son égard seulement, et la succession coutumière

---

(1) Basse-Navarre, xxiv, 3.
(2) Soule, xxvii, 27. — Labourd, xii, 15.

dont il est écarté serait dévolue au premier enfant de son mariage venu au monde avant le décès du *de cujus*; si donc on fait produire des effets légaux au mariage contracté contre le gré de ses parents par l'aîné qui n'a pas atteint sa majorité matrimoniale, c'est que ce mariage n'est pas frappé de nullité. Béla, dans son *Commentaire de la coutume de Soule*, partage cette opinion (1).

De même que les aînés, les cadets qui n'ont pas atteint la majorité matrimoniale peuvent, sauf dans la Basse-Navarre, se marier valablement contre le gré de leurs parents; mais il ne peut être question de leur appliquer les mêmes déchéances, puisqu'ils sont écartés en principe de la succession coutumière. Ils sont punis de leur désobéissance par la privation de leur part d'acquêts. La coutume du Labourd, dans l'article 10 du titre « des Successions » nous le dit en ces termes :

« Ce qui est dit que la succession du décédé sans faire testament, premièrement appartient aux enfants; aucunefois. . . . . . ; aucunefois aux tous comme en biens acquêts, a lieu, où l'enfant habile à succéder, s'il est mâle avant l'âge de vingt-huit ans, et la femelle avant l'âge de vingt ans, n'a été marié outre le gré de ses parents, car si l'enfant contracte mariage avant icelui âge. . . . . . perd le droit de primogéniture et de *succéder également*, ou succession égale a lieu et se doit contenter de la légitime ci-dessous baptisée par la coutume » (2).

---

(1) Béla, sur la coutume de Soule, xxiv, 29 à 32.
(2) Articles correspondants. — Soule, xxvii, 26. — Basse-Navarre, xxiv, 6.

Cette immense latitude que donne la coutume aux enfants pour se marier contre le gré de leurs parents est une preuve de la faiblesse de la puissance paternelle dans le pays basque. Avant de songer à organiser solidement la famille par l'établissement d'une hiérarchie rigoureuse, la coutume s'est avant tout préoccupée d'assurer la propagation des familles et, pour cela, de donner une certaine liberté aux enfants.

Mais elle ne s'en tient pas encore aux dispositions que nous venons de parcourir. S'inspirant toujours du même principe, le droit coutumier accorde des droits importants à l'aîné qui, ayant atteint sa majorité matrimoniale, se marie contre le gré de ses parents. Le cas échéant, la coutume de Soule prévoit une double hypothèse (1).

a.) L'enfant en question « primogenit ou primogenite » dit la coutume « se maride et pren molher sens dot ». Si l'enfant épouse une femme qui ne lui apporte pas de dot, la coutume n'édicte aucune disposition particulière.

b.) Mais si l'époux adventice apporte une dot, la coutume nous dit que cette dot doit être remise à l'ascendant dont le consentement eût été requis si l'enfant n'avait pas atteint sa majorité matrimoniale. Moyennant cette remise, l'aîné qui s'est marié sans le consentement de ses parents peut exiger du chef de famille le partage des biens de lignée. C'est là une disposition exorbitante du droit coutumier basque, et on ne peut s'empêcher de remarquer avec

---

(1) Soule, xxvii, 29. — Même disposition plus succincte dans la coutume du Labourd, xii, 12.

Cordier que la coutume consacre de la sorte en faveur de l'aîné un droit « peu respectueux, désagréable, insupportable même ; car, dans le partage, s'il n'y a qu'une maison, la maison se divise en deux pour l'habitation, et le jeune ménage, qui d'autorité s'installe près de l'ancien, peut amener avec lui la discorde » (1). La coutume va plus loin : si du vieux ménage il ne reste qu'un parent et qu'il gère mal la portion conservée par lui dans le partage, les enfants ont le droit de la lui retirer et de la joindre à la leur, à condition toutefois d'entretenir à leurs frais le parent ainsi privé de sa part. Ce droit est d'ailleurs réciproque et peut aussi s'exercer au préjudice des enfants, s'ils administrent mal la portion qui leur est échue. Tout en consacrant au profit de l'aîné un droit de coseigneurie, qui s'exerce dans les mêmes conditions, le for de Basse-Navarre nous donne des renseignements particuliers sur le mode de procéder aux partages (Basse-Navarre, XXIV, 8).

Cette copropriété entre l'aîné des enfants, marié contre le gré de ses parents, et celui de ses parents qui est propriétaire des avitins, ne laisse pas que d'être une atteinte grave aux principes les plus élémentaires de la puissance paternelle. Il faut croire que la pratique n'en offrait que de rares exemples, car on comprendrait difficilement que de telles prérogatives, consacrées par la coutume au profit des enfants, n'aient pas été incompatibles avec la bonne harmonie des ménages dans un pays où

---

(1) Cordier. *De l'organisation de la famille chez les Basques*, page 13.

la famille était composée souvent de plusieurs couples vivant tous autour d'un chef, à même pot et feu.

Cette indépendance si grande que la coutume assurait aux enfants et particulièrement à l'aîné, à l'égard de leurs parents, n'est pas la seule preuve de la faiblesse de la puissance paternelle dans le pays basque.

Le second principe, celui de la conservation des biens dans les familles, dont s'inspire le droit basque, donna aussi naissance à des dispositions d'une incompatibilité évidente avec l'existence d'une autorité paternelle fortement constituée. Non contente, en effet, de soustraire, dans certains cas, les enfants aux effets ordinaires de la puissance paternelle, la coutume se plaît, pour ainsi dire, à restreindre davantage celle-ci, en accordant aux enfants certains droits au détriment des droits de leurs parents. La copropriété des parents et de l'aîné des enfants marié contre leur gré en est déjà un témoignage. Poursuivant la même idée, la coutume défend de vendre, hypothéquer et aliéner d'une façon quelconque les biens de lignée sans le consentement de l'aîné émancipé ou marié, car le mariage émancipe. C'est ce que dit, dans les termes suivants, la coutume du Labourd dans le premier article du titre « Des venditions et autres aliénations » :

« L'on ne peut vendre, hypothéquer ou autrement aliéner les biens paponaux et avitins, si ce n'est pour assignation de mariage ou urgente nécessité ; et aliénations autrement faites sont nulles et de nul effet et valeur, si ce n'est qu'elles soient faites du consentement de l'aîné émancipé ou du plus prochain qui par la coutume doit succéder ».

Les derniers mots « du plus prochain qui par la coutume doit succéder » font allusion au cas où l'aîné des enfants, émancipé par le mariage, est exclu de la succession paternelle ou maternelle pour s'être marié sans le consentement de ses parents.

Les biens dont parle l'article précité peuvent être aliénés, même à titre gratuit, avec le consentement de l'héritier ; ce consentement est aussi nécessaire pour disposer des biens avitins par acte de dernière volonté (1).

———

L'exposé que nous venons de tracer suffit à nous faire voir combien la puissance paternelle était faiblement organisée dans le pays basque. Nous sommes loin ici de ces dures lois romaines qui ne se contentaient pas d'assurer au *pater familias* la pleine propriété de ses biens, mais lui donnaient encore la propriété de ses enfants, avec le droit de les vendre et de les mettre à mort. Le chef de famille basque ne ressemble nullement à ces terribles magistrats domestiques dont les pouvoirs discrétionnaires étaient réellement exorbitants. C'est un protecteur plutôt qu'un juge, et un administrateur plutôt qu'un propriétaire. Il est soumis de par la coutume au contrôle de l'aîné de ses enfants qui doit, à son décès, hériter des biens transmis par les ancêtres, et il n'a en somme que sa qualité de

(1) Béla, sur la coutume de Soule, XXVI, 4.

père ou de mère pour lui assurer le respect et l'affection que lui doivent ses enfants. Car les rédacteurs des coutumes n'avaient pas sans doute jugé utile de dire expressément, comme le fait notre Code civil dans l'article 371, que « l'enfant, à tout âge, doit honneur et respect à ses père et mère ». Ce précepte de pure morale, qui a trouvé place dans la législation moderne, le législateur du droit coutumier basque semble l'avoir négligé, dans la persuasion sans doute qu'il était suffisamment enraciné dans le cœur des enfants pour être un obstacle aux conséquences fâcheuses des principes économiques dont il s'inspire presque uniquement dans ses dispositions.

Somme toute, sauf la double particularité de pouvoir reposer sur la tête du père ou de la mère, suivant les cas, et d'être faiblement constituée, la puissance paternelle n'est pas l'objet d'une réglementation bien détaillée dans les coutumes basques. Peut-être des dispositions essentielles nous échappent-elles, parce qu'étant fréquentes dans la pratique et connues de tous, le législateur n'a pas cru nécessaire de les formuler ? Guizot a dit : « Les Barbares n'écrivent pas ce qu'ils savent, ce qui est dans la pensée et l'habitude de tous » (1). La même chose peut se dire des Basques ; leurs coutumes sont muettes sur bien des points importants qu'on ne pourrait rétablir qu'à l'aide de documents privés ; mais ces documents sont rares, incomplets, et constituent une source d'information sur laquelle

(1) Guizot. *Essais sur l'Histoire de France*, page 143.

on ne peut pas compter. Ces remarques ne concernent pas spécialement la puissance paternelle ; elles s'appliquent tout aussi bien à l'ensemble du droit indigène, et par conséquent aux questions précédemment traitées comme à celles dont l'étude va suivre.

V. — L'AUTORITÉ MARITALE

On ne peut poursuivre jusqu'ici l'étude du droit coutumier des Basques, sans prévoir qu'à exemple des autres institutions du droit privé, l'autorité maritale doit y être l'objet d'une réglementation particulière.

Reliée directement par la coutume à l'institution du droit d'aînesse sans distinction de sexe, et organisée sur les mêmes bases que la puissance paternelle, elle manque de fermeté comme cette dernière et repose tantôt sur la tête du mari, tantôt sur celle de sa femme. Quatre hypothèses, en effet, peuvent être envisagées :

1° Deux héritiers contractent mariage. Dans ce cas, l'autorité maritale, au lieu de reposer exclusivement sur la tête de l'un des époux, devait être l'objet d'un partage, en ce sens que, par exemple, chacun d'eux avait le droit d'aliéner sans autorisation les biens de lignée dont il était propriétaire ; l'autorisation de chacun des parents devait être nécessaire pour permettre aux cadets de quitter la maison natale, etc... En somme, cette hypothèse doit se résoudre par la combinaison des deux suivantes. Elle offre d'ailleurs peu d'intérêt, car elle devait rarement se présenter dans la pratique, n'étant pas conforme à l'esprit de la coutume, qui était d'unir autant que possible les héritiers avec des cadettes et les cadets avec des héritières.

2° L'héritier d'une maison épouse une femme dotale (1). L'espèce ne présente rien d'anormal et il faudrait la résoudre suivant les règles usuelles du droit, en décidant que le mari exercera l'autorité maritale.

3° Mais si c'est une héritière qui épouse un mari dotal, le droit basque se révèle dans toute son originalité, en décidant que l'autorité maritale échappera au mari, comme la puissance paternelle échappe au père, dans le même cas. Qui donc en exercera les prérogatives ? C'est la femme. S'il s'agit de consentir au mariage des enfants communs, c'est la mère, en sa qualité de propriétaire, qui sera appelée à donner son consentement ; elle seule, quand elle est propriétaire, peut autoriser les cadets à quitter la maison natale, où ils doivent leur travail. Le mari dotal, dont la personnalité est si effacée dans ses relations avec ses enfants, se trouve dans un état de subordination complète vis-à-vis de sa femme. Comme c'est d'ordinaire un cadet, il se trouve avoir quitté dans sa famille son rôle de domestique sans gages pour le reprendre dans la famille de sa femme. Celle-ci possède toute latitude quand il s'agit d'engager ses propres ; elle

(1) D'une façon générale, nous appelons époux dotal le cadet, garçon ou fille, qui vient avec une dot s'installer dans la maison de l'époux héritier. Le mot dotal, dans l'espèce, est synonyme de celui d'adventice, que nous avons déjà employé précédemment.

peut les aliéner ou les grever de droits réels sans le consentement de son mari. En un mot, elle possède toute liberté à cet égard, en tenant compte toutefois des droits de l'aîné émancipé dont le consentement, comme on l'a vu, lui est nécessaire pour l'aliénation des biens de lignée. Quant aux acquêts, la seigneurie en était dévolue par la coutume au mari, qui pouvait en « disposer entre vifs à son plaisir et volonté » (1), ce qui est un retour aux règles normales du droit qui veut que, dans un ménage, le mari joue un rôle prédominant. La femme dotale, pour s'obliger, se trouve dans une situation identique à celle où se trouverait le mari dotal.

En face des dispositions du droit coutumier basque, on ne peut s'empêcher de remarquer combien ce droit est favorable à l'égalité de l'homme et de la femme. Il semble négliger la différence des sexes pour ne s'occuper que de la qualité de propriétaire et rattacher à cette qualité des droits qui, par leur nature, sembleraient devoir être invariablement les attributs de l'homme dans un ménage. Cette façon de concevoir les relations des divers membres d'une famille est absolument propre à la législation basque.

4° Elle présente, cependant, moins d'originalité quand elle s'occupe de réglementer la situation du mari et de la femme dans un ménage de cadets. Mariés sous un régime de communauté, dont le

---

(1) Labourd, IX, 1. — Basse-Navarre, XXV, 2. — Dans la Soule, un mari ne pouvait disposer que de la moitié qui lui revenait en vertu de la coutume. (Soule, XXIV, 2).

mari est le chef, ils obéissent, dans leurs relations pécuniaires, à des règles plus conformes certainement à l'ordre normal des choses. Le mari possède toute latitude pour obliger la communauté. Quant à la femme, elle peut s'obliger seule dans trois cas (1) :

1° Quand elle est marchande publique ;
2° Pour l'entretien des biens de communauté ;
3° Pour la nourriture des enfants communs.

Ce n'est pas à dire que la femme ne puisse pas s'obliger hors ces trois cas. L'obligation qu'elle pourrait contracter ne serait pas nulle, mais le créancier ne pourrait en poursuivre l'exécution qu'après le décès du mari, comme le dit la coutume du Labourd :

« Si la femme, n'étant pas marchande, fait dette et obligation qui ne soit au profit du mari, ou pour la dite nourriture, le créancier a son action, après le décès du mari, sur les biens appartenant à la femme, soit décédée avant ou après le décès du mari » (Labourd, IX, 1).

A Bayonne, le régime de communauté était de droit commun pour tout le monde, et le créancier pouvait actionner la succession de la femme, en supposant qu'elle mourût avant son mari. Sa situation, par conséquent, était préférable à celle du créancier dans le Labourd ou la Soule, car ce dernier ne pouvait, dans tous les cas, rentrer dans ses fonds qu'au décès du mari, soit que la femme lui survécût, soit qu'elle fût prédécédée.

(1) Labourd; IX, 9. — Soule, XXIV, 8. — On trouve une disposition semblable dans la coutume de Bayonne, article 38 du titre « d'assignation de dot. »

Les ménages de puînés n'offraient donc presque rien de particulier dans le droit basque au point de vue de l'organisation de l'autorité maritale. C'est dans les unions entre héritiers et cadets que s'en révélaient le mieux les singularités, surtout celle qui consiste à mettre tantôt sur la tête du mari, tantôt sur celle de la femme, les prérogatives et les charges rattachées par la coutume à l'exercice de l'autorité maritale.

Dans le Béarn, l'autorité maritale était plus solidement assise, s'il faut en juger du moins par l'article 292 du for de Morlaàs, d'après lequel le mari peut, en cas de désunion, contraindre sa femme à cohabiter avec lui. Chez les Basques, le mari adventice n'avait certainement pas le droit de faire quitter la maison natale à l'héritière qu'il avait épousée ; les principes les plus élémentaires du droit basque s'y opposaient. En cela la législation béarnaise se rapprochait davantage du point de vue moderne, car, de nos jours, l'article 214 du Code civil édicte une disposition analogue à celle de l'article 292 du for de Morlàas.

VI. — LA TUTELLE ET LA CURATELLE

Les coutumes du Labourd et de la Soule portent un chapitre sur la tutelle. Ce chapitre n'existe pas dans la coutume de Basse-Navarre. Dans celle du Labourd, il est intitulé : *Des tutelles et administrations des mineurs et de leurs biens.*

Le droit basque, dans cette partie, offre un intérêt assez restreint, et un rapide exposé suffira :

Trois sortes de tutelles sont prévues par les coutumes basques : la tutelle légitime, la tutelle testamentaire, la tutelle déférée par le magistrat.

Le but de la tutelle basque est de conserver les biens du mineur et de les lui restituer en bon état à sa majorité. (Soule, xxv, 1. — Labourd, x, 1).

Elle s'ouvre par le décès de l'un des parents du mineur. Le survivant a, dans ce cas, « la garde des enfants qui sont demeurés mineurs d'ans, ensemble de leurs biens de lignée ou papoadge, aussi des biens par le décédé acquis tant durant le mariage qu'auparavant ». (Labourd, x, 1, 2ᵉ partie. — Id. Soule, xxv, 1).

Quand les père et mère de l'enfant sont décédés, la tutelle passe aux ascendants plus éloignés de l'enfant, et à leur défaut, c'est l'aîné des enfants qui a la garde des autres enfants mineurs et l'administration de leurs biens, pourvu qu'il ait lui-même l'âge de dix-huit ans accomplis. Par suite du principe en vertu duquel, chez les Basques, le droit d'aînesse repose indifféremment sur la tête d'un mâle ou d'une « femelle », les enfants mineurs étaient, suivant les cas, sous la tutelle de leur frère aîné ou de leur sœur aînée, ce qui est particulier au droit basque.

A défaut de parents aptes à gérer la tutelle légitime, il y avait lieu à ouverture de la tutelle testamentaire. Cette dernière était connue du droit basque, comme le prouve l'article 3 du titre « des tutelles, etc... » Quand il nous parle des père et mère qui sont décédés, délaissant « leurs enfants pupils sans les pourvoir de tuteurs ». (Labourd, x, 3).

Si les parents avaient négligé de pourvoir à la tutelle de leurs enfants, le soin de nommer le tuteurs revenait au bailli ; celui-ci, à la requête des parents du mineur, était chargé d'y aviser, et à cet effet il désignait comme tuteurs deux parents pris parmi les plus proches, l'un du côté du père et l'autre du côté de la mère. (Labourd, x, 3. — Soule, xxv, 3).

Cette désignation de deux tuteurs paraîtrait anormale, si l'on ne songeait à l'insuffisance de la langue pour déterminer les rôles confiés à ces deux tuteurs qui, en réalité, doivent représenter le personnel moderne de la tutelle, c'est-à-dire le tuteur et le subrogé-tuteur.

Le tuteur, avant d'entrer en charge, doit faire inventaire et fournir caution (Labourd, x, 1. — Soule, xxv, 1). Outre ces deux formalités, les tuteurs désignés par le magistrat sont astreints, avant d'entrer en charge, de « jurer par devant le baillif qu'ils administreront et gouverneront iceux pupils et leurs biens, bien et loyaument, au profit des mineurs à leur pouvoir » (Labourd, x, 4. — Soule, xxv, 4).

L'arrivée du pupille à l'âge de quatorze ans mettait fin à la tutelle. A partir de cet âge jusqu'à dix-huit ans, l'enfant sorti de tutelle était pourvu d'un curateur (Labourd, x, 5. — Soule, xxv, 5).

Mais la coutume qui établit la distinction entre le tuteur et le curateur néglige de nous détailler la mission de chacun de ces personnages.

En vertu de l'article 5 *in fine* du même titre, l'enfant majeur de quatorze ans qui se mariait était soustrait à la curatelle ; en d'autres termes, le mariage émancipait le mineur.

De tout ce qui précède, il ressort que les jeunes gens basques étaient de bonne heure livrés à eux-mêmes. Sans doute la coutume, fidèle aux principes dont elle s'inspire d'habitude, obéissait-elle à la pensée de les former le plus tôt possible au maniement des affaires.

En somme, le droit basque, dans la réglementation de la tutelle, offre moins d'intérêt que dans ses autres parties. Mais en rapprochant ces dispositions de celles que nous avons déjà parcourues, on peut arriver à forger des espèces dont la réalité devait nécessairement fournir des exemples et qui ne laissaient pas que de se distinguer par leur originalité. Telle est la suivante, que nous avons déjà eu l'occasion de rencontrer. Dans une famille de plusieurs enfants, dont les uns sont mineurs et les autres majeurs, l'un des parents vient à décéder. La coutume désigne le survivant pour gérer la tutelle des mineurs. Mais la lettre de la coutume n'arrive à se réaliser que si le survivant est le propriétaire des biens avitins. Car, si c'est l'époux dotal qui survit, la disposition précitée de la coutume ne reçoit qu'une application purement théorique. La tutelle dont le survivant est investi en droit, sera gérée en fait par l'aîné des enfants qui, en sa qualité d'héritier, est chargé de nourrir et élever ses frères et sœurs mineurs. Le cas est prévu par la coutume de Basse-Navarre, dans l'article 8 du titre xxv.

CHAPITRE III

MOYEN AGE

CONDITION DES PERSONNES EN DROIT PUBLIC

La monarchie navarraise jusqu'en 1594. — Les Basques et la féodalité. — Fin de l'ancien régime (de 1594 à 1789).

L'étude de la famille basque nous a révélé bien des originalités sur la façon dont ce peuple concevait les rapports juridiques des divers membres du groupe domestique. C'est désormais au point de vue de la société que nous aurons à nous placer pour continuer notre étude du droit des personnes, et nous verrons que cette partie est au moins aussi intéressante que l'autre et offre plusieurs particularités à l'examen du juriste.

Fidèle à notre but, qui est de noter en passant ces particularités, et nullement de faire une étude complète des personnes, en droit public comme en droit privé, nous ne relèverons dans la législation publique des Basques que les points sur lesquels elle se distingue des législations des peuples avoisinants. C'est pour cette raison que nous omettrons de mentionner le clergé, dont la condition, réglementée par le droit canonique, n'offrait rien de spécial au pays basque. Nous parlerons au contraire de la Monarchie navarraise dont les Basques de Basse-Navarre firent partie jusqu'à l'avènement d'Henri IV au trône de France. La conception de cette Monarchie est vraiment originale en ce sens qu'elle constitue, au moyen âge, un exemple tout à fait isolé et très surprenant même, quand on songe que les autres peuples d'Europe ne devaient accepter que bien plus tard les idées dont les Navarrais s'étaient inspirés à cette occasion. Considérant ensuite, qu'après le Roi la noblesse occupe le premier rang dans la hiérarchie sociale, il serait logique d'en parler séparément ; mais nous consacrerons précisément un chapitre à démontrer que l'organisation féodale ne se généralisa pas au pays basque, qu'elle ne pénétra qu'à titre d'exception parmi la société indigène, laquelle se distinguait plutôt par ses tendances à l'égalité de tous ses membres ; nous ferons en même temps une étude des privilèges dont la coutume assurait la jouissance à tous les Basques, et nous terminerons enfin par les transformations qui survinrent dans la condition des Basques en droit public, dans le cours des dix-septième et dix-huitième siècles, et nous les laisserons sur le seuil de la Révolution française, dont le génie réformateur devait supprimer les inégalités sociales de l'ancien régime et réaliser le nivellement des classes dans la France entière.

I. — LA MONARCHIE NAVARRAISE JUSQU'EN 1594

Le Roi et le Peuple

On a beaucoup disserté sur les origines du

royaume de Navarre, sans apporter jusqu'ici quelque lumière à la discussion. Il est probable, ainsi que l'ont admis la plupart des auteurs, que le royaume de Navarre dut sa formation à la nécessité que ressentirent les peuples de ces contrées de se grouper autour d'un chef pour se défendre plus avantageusement contre les attaques incessantes des musulmans.

Pélage, qui régna de 719 à 737, avait donné le signal de l'insurrection et s'était fait proclamer roi par les montagnards des Asturies (1). Les Basques Navarrais, que les besoins de la commune défense entraînaient dans la même voie, se donnèrent pour roi Garcia Ximenes (716) suivant les uns, Inigo Arista (758) d'après les autres. Quelques auteurs font succéder le second au premier (2). A cause du désaccord qui divise les historiens sur ce point, il est impossible d'assigner une date précise à la fondation du royaume de Navarre. Tout au plus peut-on, avec quelque apparence de certitude, la placer environ vers le milieu du VIII⁰ siècle.

Il n'est pas plus aisé d'affirmer, comme on le fait souvent, que les rois de Navarre, avant de s'appe-

---

(1) Blanc Saint-Hilaire. *Les Euskariens ou Basques*, etc., page 121.

(2) Lafuente, dans son *Historia general de España*, tome II, pages 194 et 195, paraît frappé de la divergence des opinions sur ce point. Après avoir consulté des auteurs tels que Morel, Blancas, Garivay, Morales, Sandoval, Yepes, Briz, Elizondo, Zurita, Risco, Mariana, Mondéjar, Traggia, Yanguas et d'autres, il déclare n'avoir trouvé chez eux qu'obscurité et contradiction ; « contradicciones tales, dit-il, que no vemos medio de concertar ni avenir unos con otros ».

ler ainsi, se soient intitulés rois de Sobrarbe, car l'existence de ce petit Etat, généralement reconnue par la science, a été niée par des érudits tels que Marca et Oïhénart (*Notitia utriusque Vasconiæ*, lib. II, c. x).

Quoi qu'il en soit, la Monarchie navarraise, prise après sa fondation définitive, à l'époque où elle fonctionne régulièrement, présente cette empreinte d'originalité propre aux institutions d'origine basque au moyen âge. C'est ce que nous allons tâcher de démontrer en quelques lignes.

1. Dans ses débuts, la Monarchie navarraise fut élective, elle devint ensuite héréditaire. La première proposition est assez difficile à justifier par le moyen de documents historiques ; si on la trouve exprimée dans la plupart des histoires du royaume de Navarre, elle trouve aussi des contradicteurs, entr'autres M. Bladé, qui s'efforce de démontrer le contraire dans un ouvrage récemment paru sur les premiers rois de Navarre. Mais tout au moins, si l'histoire ne nous fournit pas de renseignements précis à ce sujet, il a existé, dans le droit constitutionnel navarrais, une tradition uniforme et constante en faveur de l'électivité des premiers rois de ce pays. Nous en trouvons des traces dans la première ligne de l'ancien for ou code fondamental rédigé dans la contrée de Sobrarbe, et qui nous dit : « Il a été premièrement établi un for d'*élire* un Roi pour toujours » (1). Les lignes suivantes nous

(1) Ce texte, tiré des anciens manuscrits, est reproduit par tous les auteurs. On peut le voir dans la *Navarre française*, t. II, page 22.

parlent encore de l'élection du Roi. Cette tradition fut d'ailleurs fidèlement respectée par tous les princes qui montèrent sur le trône de Navarre. Même, s'il faut en croire Sanadon, les Navarrais prouvèrent, en certaines occasions, que, s'ils se donnaient librement et volontairement un Roi, l'élection ne les liait en somme que dans les termes de l'engagement synallagmatique contracté par le Roi d'un côté et ses sujets de l'autre (1). En 901, le roi Fortunio, dit le Moine, donna sa démission pour entrer dans les ordres ; les Etats enlevèrent la couronne à ses enfants pour la poser sur la tête de Sanche-Garcie, dit Abarca Ier, son frère. En 1076, le roi Sanche IV, ayant été tué dans une bataille, les Etats écartèrent du trône ses enfants qui n'étaient pas en état de régner et donnèrent la couronne à Sanche Ramirez, roi d'Aragon. Ces exemples et d'autres, que Sanadon nous cite, sur la foi de Garibay, sont bien de nature à démontrer que les lois constitutionnelles des premiers Navarrais ne reconnaissaient pas le principe de la monarchie héréditaire.

Plus tard, la même tradition se perpétue après la réunion des couronnes de France et de Navarre sur la même tête, et les Navarrais, sous le règne despotique de Louis XIV, ne craignent pas de l'opposer aux actes tyranniques du pouvoir.

Cette première particularité établit un abîme entre la vieille Monarchie basque de Navarre et l'ancienne

---

(1) *Essai sur la noblesse des Basques*, pages 81 et 82.

Monarchie française. Tandis que la première se considère comme une délégation de la souveraineté populaire, l'autre se réclame de son droit divin, place le Roi au-dessus de la Constitution et concentre dans ses mains des pouvoirs absolus dont bénéficie indéfiniment sa descendance. Telle était du moins la conception de la Monarchie sous le règne de Louis XIV, qui réalisa le type du souverain absolu.

II. — Les Navarrais n'admettaient pas l'application de la loi salique dans la succession au trône. Cette particularité s'explique aisément quand on songe que le droit d'aînesse, sans distinction de sexe, était un principe fondamental du droit basque. C'est lui qui fait l'originalité du droit privé des Basques, et la législation de ces derniers manquerait d'uniformité dans son ensemble si leur droit public ne reproduisait pas le même principe. La couronne de Navarre reposa plusieurs fois sur la tête d'une femme et, de toutes celles qui la portèrent, Jeanne d'Albret (1555), mère d'Henri IV, fut l'une des plus célèbres.

III. — Les Navarrais, en se donnant un Roi, voulaient empêcher la forme monarchique de dégénérer en tyrannie. C'est dans ce but qu'ils plaçaient leurs franchises locales sous la garantie du serment.

Le Roi, avant d'être élevé sur le pavois, était tenu de prêter un serment dont la formule a varié suivant le temps et les circonstances. Le for primitif décide qu'il jurera, sur la Croix et les Évangiles, de ne jamais nuire à son peuple, de lui rendre justice, de *maintenir ses fors, de les améliorer et de ne jamais les empirer* (1).

Après le serment du Roi, dit le for « douze barons ou hommes sages jureront sur la Croix et les Evangiles d'avoir soin de la personne du Roi, de l'Etat, du peuple et de la conservation des fors, et baiseront la main du Roi » (2).

M. de Lagrèze, dans son ouvrage *La Navarre Française*, a traduit de l'espagnol le récit du couronnement du roi Jean et de la reine Catherine, qui eut lieu le 10 janvier 1490, dans la cathédrale de Pampelune. Il parle de la formalité du serment réciproque que se prêtaient le Roi et ses sujets, et il termine par une citation du for général, qui dit : « Doivent élever le Roi sur le pavois les ricombres, les infançons, les caballeros et le peuple de la terre (pueblo de la tierra). » (*La Navarre Française*, tome II, pages 26 à 32).

Cet usage, qui consiste à placer les franchises locales sous la garantie du serment, les Basques Français le conservèrent jusqu'à Louis XIV. Ceux d'Espagne l'ont pratiqué plus longtemps et, de nos jours encore, c'est avec une fierté toute patriotique qu'ils montrent aux étrangers le vieux chêne de Guernica, en Biscaye, devant lequel les rois d'Espagne juraient de respecter les *fueros* du peuple basque. De même, rien n'est touchant comme de voir, un

---

(1) Il existe des manuscrits en espagnol du for primitif. Beaucoup d'auteurs en ont donné des traductions partielles. On peut consulter, entr'autres, Sanadon, *Essai sur la noblesse des Basques*, pages 173 et suivantes.

(2) Sanadon, id., page 173.

jour de fête, la foule qui se presse sur une place de Saint-Sébastien, se découvrir respectueusement et observer un silence religieux pendant que la fanfare exécute l'hymne national : *Guernikako arbola*. Les Basques Français n'étaient pas moins attachés autrefois à leurs privilèges ; mais les circonstances leur furent toujours moins favorables qu'à leurs frères d'Espagne, à ce point de vue. Nous verrons, dans la dernière phase de leur histoire politique, l'acharnement avec lequel ils luttèrent contre l'abolition de leurs franchises, qui étaient sans doute trop importantes pour ne pas porter ombrage à une royauté jalouse de son absolutisme.

IV. — La Monarchie navarraise était une monarchie constitutionnelle. A la même époque, rien de semblable n'est enregistré par l'histoire au sujet des pays environnants (1). Les monarchies voisines, notamment celles de France et d'Espagne, après une période d'anarchie, causée chez les uns par l'organisation féodale qui décentralisait les pouvoirs, chez les autres par la durée de leurs pénibles luttes contre les Maures, manifestèrent d'assez bonne heure des tendances à l'absolutisme, qui devaient se réaliser entièrement dans la suite.

Pour les Basques de Navarre, les garanties dont ils s'entouraient, à chaque avènement, étaient une entrave au despotisme de leurs Rois.

De plus, les Rois navarrais n'avaient que des pouvoirs limités par la constitution. Car la constitution

---

(1) Il faut faire exception pour le royaume voisin d'Aragon qui appliquait, comme la Navarre, le principe de la monarchie constitutionnelle.

ou plutôt « le for », pour parler le langage d'autrefois, était antérieur à la royauté. Sur ce point, les Basques de la Soule et du Labourd s'inspiraient des mêmes idées que les Basques navarrais. Admettant que leurs privilèges étaient plus anciens que l'établissement d'une royauté quelconque, puisqu'ils n'étaient, ainsi qu'on en conviendra plus loin, que la simple manifestation des droits consacrés par la nature au profit de l'homme, ils s'en entouraient comme d'un rempart, chaque fois que leurs personnes ou leurs biens étaient menacés d'un abus quelconque du pouvoir.

Le gouvernement monarchique, en Navarre, ayant eu ses origines dans un besoin de cohésion que ressentaient les peuples de ce pays pour lutter victorieusement contre les envahisseurs, le Roi reconnu par eux était principalement un chef militaire. Il est probable qu'il jouissait d'une autorité absolue sur ses troupes ; mais, quand il sortait de ce rôle, ses pouvoirs étaient définis et limités :

« Il ne pourra, dit le for de Sobrarbe, faire ni guerre, ni paix, ni trêve avec aucun Roi ni Reine, ni entreprendre aucune grande affaire d'importance pour le royaume sans le conseil des ricombres et des plus anciens et des plus sages hommes du royaume » (1).

Il est certain qu'il n'avait pas le droit d'exercer seul le pouvoir législatif. D'abord, il lui était formellement défendu d'empirer les fors de son peuple.

---

(1) Traduit de l'espagnol par Sanadon. — *Essai sur la noblesse des Basques*, page 175.

Pour ce qui est de les améliorer par de nouvelles dispositions législatives, il ne peut le faire de sa propre autorité, le for lui interdisant d'entreprendre une *affaire importante* quelconque sans le conseil de ses ricombres. M. de Lagrèze est aussi de cet avis, et il base son opinion sur l'autorité de l'empereur Charles-Quint et sur des chartes de Sanche-le-Bon, au XIe siècle, de Thibaut au XIIIe, de Philippe d'Evreux, au XIVe ; dans la première, celle du roi Sanche, il relève la formule : « Facemos con todos los hidalgos de Navarra, con placenteria de nos y de ellos » qui signifie : « Nous agissons de concert avec tous les grands de Navarre, tel est notre bon plaisir et le leur » (1).

———

L'impression générale qui ressort de cette étude, c'est que les Basques Navarrais, en introduisant la royauté chez eux, ne songeaient nullement à abdiquer leur liberté, mais à l'assurer au contraire. Le Roi chez eux n'était pas un despote, c'était un défenseur auquel on confiait la sauvegarde de la personne et des biens de ses sujets, un magistrat qui s'obligeait, par serment, à rendre la justice, à maintenir les fors et à les améliorer. Il ne pouvait pas traiter des affaires publiques sans l'assistance du conseil des ricombres ; il ne pouvait admettre aucun étranger auprès de sa personne, et s'il était étranger lui-même, le for exigeait qu'il ne pût pas avoir dans sa suite plus de cinq personnes de sa langue et de son pays. Il était sous la surveillance et la

(1) La *Navarre française*, tome II, pages 25 et 26.

protection des ricombres et ne devait attendre de leur part d'autres soins que ceux qu'il avait lui-même de son peuple. C'est sous forme de don que les Rois navarrais recevaient du peuple certaines contributions. Il devait en être de même pour la Soule et le Labourd, car les trois provinces jouissaient à peu près des mêmes privilèges ; pour le Labourd, notamment, nous avons pu consulter, à la bibliothèque de la Faculté de droit de Bordeaux, un manuscrit anonyme du XVIII° siècle, déposé par M. Bladé, et dans lequel on lit :

« Lorsque le Roi a quelque subside à demander, quelque droit à établir dans le pays, M. l'intendant en donne avis à notre sindic général qui en fait un article de proposition au général. Cette proposition étant admise par MM. les officiers et le jour de l'assemblée ou Bilçar (1) indiqué, M. le syndic écrit aux abbés et jurats de chaque paroisse de se rendre le jour indiqué avec un député à Ustaritz dans l'assemblée du Bilçar. Là, il leur fait part des ordres qu'il a receu. Chaque député, abbé ou jurat, s'en retourne, en fait part à sa communauté. Revenus dans la huitaine, le païs se soumet ou conclud de faire des représentations. Ensuite M. le sindyc rend compte du tout à M. l'intendant. Voilà notre marche dont on ne devrait jamais s'écarter ».

Ce serait empiéter sur le chapitre suivant que de pousser plus loin l'étude des prérogatives dont jouissait le peuple basque des trois provinces sous

(1) Etymologiquement, le mot *Bilçar* signifie : Réunion des vieux, et se décompose comme il suit : *Bil*, réunion, et *Çahar*, vieux.

l'autorité des rois de Navarre ou sous celle des rois de France.

Pour en revenir aux Navarrais, Ferdinand le Catholique, roi de Castille, s'empara, en 1512, de toute la partie de la Navarre qui est au delà des Pyrénées. Mais il ne porta aucune atteinte aux privilèges des Navarrais, qui continuèrent à subsister. De tout le pays Basque Navarrais, la province de Basse-Navarre échappa seule à l'usurpation du roi de Castille. Elle continua à vivre indépendante sous ses Rois jusqu'à ce que l'un d'eux fut appelé à réunir sur sa tête les couronnes de France et de Navarre.

La condition publique des Basques devait entrer dans une nouvelle phase depuis la réunion de la Navarre à la France. Nous aurons occasion d'y revenir dans un dernier chapitre, et nous examinerons, dans l'intervalle, l'intéressante question de savoir jusqu'à quel point les Basques ont pu soustraire leurs personnes aux abus de l'organisation féodale.

II. — LES BASQUES ET LA FÉODALITÉ

Dans l'étude du droit d'aînesse basque, nous avons déjà entrevu la question de la féodalité dans ce pays. Elle présente de l'intérêt, car les auteurs sont loin de lui donner une solution uniforme. Les uns prétendent que le pays basque, comme les autres pays et autant qu'eux, a subi le joug de la féodalité. D'autres voudraient que la région occupée par les Basques ait été vierge de ces châteaux-forts qui s'élevaient presque à tous les pas dans le reste de la France. Au lieu de chercher dans l'histoire des éclaircissements qu'elle refuse de donner, ou de résoudre le problème par des présomptions souvent mal fondées, mieux vaut s'en rapporter simplement aux textes de l'ancienne législation basque, dont la lecture ne peut laisser de doute sur la question. Nous en avons conclu, quant à nous, que le pays basque n'a pas méconnu la féodalité ; mais, loin de voir dans cette institution le droit commun de la région, nous essayerons de démontrer qu'elle n'y pénétra qu'exceptionnellement, dans une sphère plus ou moins étendue et laissa subsister intact le droit indigène des Basques, dicté par un esprit tout différent du sien.

La féodalité naquit en France du désordre intérieur qui suivit de près les invasions des barbares. Le partage des pays conquis ne se fit pas paisiblement. Pendant que le droit du plus fort répandait l'anarchie parmi les envahisseurs, l'autorité royale était encore trop faible pour imposer le calme à ces barbares conquérants. De là ce système de décentralisation qui se répandit en France au profit des plus puissants seigneurs ; de là aussi cette tendance des peuples à se réunir par groupes autour de ceux qu'ils acceptaient pour chefs, pour mieux se défendre contre les attaques de leurs voisins ; de là enfin le droit féodal qui reconnaissait le Roi comme seigneur suzerain de tout le royaume, avec des vassaux qui lui juraient hommage et fidélité, des arrière-vassaux tenus du même serment envers les suzerains intermédiaires, et, au bas de l'échelle sociale, les serfs, attachés à la glèbe, taillables et corvéables à merci, qui sacrifiaient leur liberté à la protection qu'ils obtenaient en échange de leurs seigneurs directs.

Issue des circonstances particulières qui présidèrent à la formation de la France, la féodalité, que son prestige militaire mettait à l'abri de tout contrôle, devait forcément dégénérer en abus. C'est ainsi qu'il arriva une époque où la France se peupla de ces redoutables monuments, flanqués de tours, entourés de fossés, auxquels donnaient accès des ponts-levis suspendus par de lourdes chaînes. Investis héréditairement d'un pouvoir à la fois militaire, administratif et judiciaire, les seigneurs féodaux s'imposaient à leurs sujets par la double force des armes et de la juridiction et, du haut de leurs murailles crénelées, répandaient souvent la terreur dans les alentours. Ils jouissaient de certains privilèges qui, durant le régime féodal, furent monopolisés au profit de la noblesse. C'est ainsi qu'en outre des redevances de toute sorte qu'ils recevaient de leurs subordonnés, eux seuls avaient, dans les domaines de leur ressort, le droit de chasse et le droit de pêche ; seuls ils avaient le droit de porter des armes en temps de paix ; eux seuls pouvaient avoir des colombiers, asseoir des moulins, où les serfs du domaine faisaient moudre leur blé moyennant le paiement d'une indemnité. Eux seuls étaient les propriétaires des terres de leurs ressorts, sauf encore les redevances ou les services qu'ils pouvaient devoir à leurs propres suzerains. Les serfs, que leur condition plaçait dans un état analogue à celui des colons du droit romain, n'avaient, pour échapper au despotisme de leurs maîtres, que la ressource de déguerpir, c'est-à-dire de franchir les limites de la suzeraineté. Tant qu'ils y séjournaient, leurs personnes et leurs biens étaient à la merci du seigneur qui pouvait les rançonner à sa discrétion. Parfois même, le seigneur possédait sur les serfs un droit de suite qui lui permettait de les poursuivre hors des limites de son ressort. Un pareil état de choses était incompatible avec la liberté des personnes et celle du droit de propriété. Celle-ci, dans les cas exceptionnels où elle se présentait dans la réalité, portait le nom d'alleu ou franc-alleu, mais elle ne pouvait jamais constituer le droit commun dans le système de l'organisation féodale. Pas plus que les particuliers, les collectivités ne pouvaient avoir la jouissance pleine et entière de terres ou de forêts communes. En un mot, une hiérarchie rigoureuse régissait les personnes et les choses sous la féodalité.

Le pays basque a-t-il connu un état social analogue ? Certains textes de ses coutumes, destinés à régir une société féodalement organisée, ne nous permettent pas de le nier sans restriction. Toutefois, dans les mêmes recueils, il y a d'autres textes, et ils sont plus nombreux, dont les dispositions, applicables à la société indigène, sont absolument incompatibles avec le régime féodal tel que nous venons de le concevoir.

D'abord, comme la féodalité reposait principalement sur la hiérarchie des domaines dont le Roi était le premier suzerain, aucune terre ne pouvait

8

en principe échapper à cette dépendance hiérarchique, ce qu'on exprimait par la maxime : « Nulle terre sans seigneur. » *(Inst. cout. de Loysel, n° 228)*.

Quiconque alléguait la liberté de son domaine devait fournir des titres à l'appui de ses revendications, le droit commun étant contraire à l'allodialité des terres.

Dans les limites du pays basque, au contraire, on appliquait la règle : « Nul seigneur sans titre », qui faisait présumer la liberté du droit de propriété et exigeait des preuves pour justifier de l'asservissement d'un domaine (1). Ce principe est plus conforme au droit naturel, dont les Basques se rapprochent d'ailleurs d'une façon étonnante dans leur législation publique. On n'en considérait pas moins le plein exercice du droit de propriété comme un privilège, sans doute parce qu'à une époque où la féodalité tendait à se généraliser, il constituait un fait exceptionnel.

Poursuivant l'énumération des privilèges dont jouissaient les Basques, nous dirons que leur coutume leur assurait la liberté de la chasse et de la pêche, réservée aux seuls nobles en pays de féodalité. (Soule, XIII, 1. — Basse-Navarre, XXXI). Les Basques, parce qu'ils habitaient un pays de frontière, avaient le droit de porter les armes, qui était ailleurs le monopole de la noblesse. (Labourd, XX, 1. — Soule, I, 9). La coutume du Labourd et celle de

---

(1) Polverel. *Mémoire à consulter...* D'ailleurs, l'application de cette règle ne se confinait pas dans les limites du pays basque. On la retrouve en pays de droit écrit, c'est-à-dire dans le Midi de la France, où la féodalité n'était pas aussi rigoureusement appliquée que dans le Nord.

la Soule sont explicites sur ce point, tandis que le for de Basse-Navarre ne se prononce pas. Mais les auteurs ont généralement abondé dans ce sens en nous disant que la Basse-Navarre jouissait du privilège de se garder elle-même. Le droit d'avoir des colombiers, réservé à la noblesse, appartenait en principe à tous les Basques ; ils avaient de même celui de construire des moulins pour l'usage de leur maison ou de faire moudre leur blé où bon leur semblait. (Labourd, II, 1, 2). — Soule, XII, 1. — Basse-Navarre, XXXIII, 1, 2, 3).

On a vu que les particuliers, chez les Basques, jouissaient de la propriété libre et disponible de leurs terres, à moins qu'un titre ne vînt prouver leur assujettissement au régime féodal. De même les collectivités, telles que bourgs et villages, possédaient des terres et des forêts dont elles avaient la jouissance pleine et entière. Il était loisible aux habitants de s'assembler pour délibérer sur les affaires communales, pour pourvoir à la police, à l'entretien et à la garde de leurs bois, herbages, pâturages communs, pour aviser à leur commerce, etc... (Labourd, II, 1, 2, 3 et suiv., XX, 4, 5. — Soule, I, 4. — Basse-Navarre, XXXV, 1). La réglementation des forêts et des pâturages communs occupe même une place assez importante dans les trois coutumes. Le pays basque était encore en grande partie inculte au moyen âge, et ses habitants vivaient, en grand nombre, de la vie pastorale. Les montagnes de la Soule étaient peuplées de bergeries qu'on appelait « cayolars » et dans lesquelles se fabriquaient des fromages. (Soule, XIV). Le Labourd, en dehors de ses pâturages communaux, avait des enclos privés, désignés par la coutume sous le nom de « barrandegui » et dont l'accès était défendu aux troupeaux, à peine de dommages-intérêts envers les propriétaires. (Labourd, III, 19).

Outre les privilèges que nous venons d'énumérer, il en est un autre qui est consacré au profit des Basques par leur droit pénal. On sait que la peine de mort par la pendaison était considérée comme infamante par la féodalité et comme telle réservée aux roturiers. En cas de condamnation à mort, les nobles subissaient la peine plus aristocratique, d'après eux, de la décapitation. Les Basques, le cas échéant, bénéficiaient de l'avantage d'être exécutés par le second procédé, du moins dans le Labourd et la Soule (Labourd, XIX. — Soule, XXXV). Le for de Basse-Navarre garde le silence sur la question, ce qui dénote une fois de plus l'infériorité en droit pénal de cette coutume sur les deux autres.

Qu'allons-nous déduire de l'existence de ces nombreux privilèges dont jouissaient les Basques au moyen âge ? Argumentant de ce que, sous le régime féodal, ces privilèges étaient l'apanage exclusif de la noblesse, il s'est trouvé des auteurs pour dire que tous les Basques étaient nobles. D'autre part, un célèbre voyageur, dont nous ignorons le nom, aurait, paraît-il, conté à Monsieur de Lagrèze qu'il existe en Afrique une tribu où tout le monde se dit esclave ; et cet auteur conclut judicieusement que « l'égalité règne également dans ces deux pays, à deux titres opposés » (1). C'est là sans

(1) *La Navarre française*, tome II, page 76.

doute la conclusion qui s'impose quand on envisage le peuple basque isolément. Mais sa comparaison avec les peuples voisins, qui vivaient sous le régime de la féodalité, et le contraste qui résulte de ce rapprochement, peut permettre, selon nous, d'affirmer, avec quelque vraisemblance, que les Basques étaient nobles, puisqu'ils jouissaient de toutes les prérogatives attachées à cette condition. On pourrait même supposer que la qualité de nobles leur était officiellement reconnue dans les premiers temps de la féodalité, alors que cette institution n'avait pas encore réussi à s'implanter parmi eux ; ce serait, dans ce cas, l'extension progressive de la noblesse féodale (1) chez eux, qui aurait gratifié les Basques de la roture dont ils étaient censés faire partie, pour la plupart, en dépit des prérogatives nobiliaires qu'ils conservèrent jusqu'en 1789.

Ce ne sont pas d'ailleurs les exemples qui manquent pour démontrer que la noblesse peut s'attacher à un peuple tout entier. Sanadon, dans son ouvrage, nous en indique quelques-uns qui précisément concernent des peuples proches parents de ceux dont nous nous occupons, c'est-à-dire les Basques Espagnols (2). Le code biscayen, rédigé en 1394, attribue expressément la qualité de nobles et de gentilshommes à tous les Basques de la Biscaye et leur reconnait le droit d'en user dans toutes les

---

(1) La noblesse féodale était une noblesse hiérarchique et se distinguait sur ce point de la noblesse des Basques qui n'était en somme que la consécration du principe de l'égalité de tous devant le for.

(2) *Essai sur la noblesse des Basques*, page 223 et suiv.

provinces de la monarchie espagnole. Une déclaration de Ferdinand IV, de 1314, suppose la noblesse chez les Basques de l'Alava. Pour les Guipuzcoans, Ferdinand le Catholique, en 1476 et 1480, Charles-Quint, en 1523, et Philippe III, en 1608, leur assurent expressément la qualité de nobles, de quelque condition qu'ils soient par ailleurs. Auparavant, en 922, les Basques de la vallée de Roncal avaient déjà obtenu des rois de Navarre des diplômes collectifs de noblesse pour les services qu'ils avaient rendus contre les infidèles.

Dans ces conditions, il n'y a rien d'impossible à ce que la noblesse ait pu appartenir à tous les habitants d'un pays, à une certaine époque de leur histoire, et c'était sans doute le cas des Basques Français que la jouissance de certaines prérogatives identifiait à la société noble de la féodalité, sauf la hiérarchie qui n'entrait que pour une faible part dans leur organisation.

Il est un fait encore qui vient à l'appui de cette théorie. C'est que la seule qualité de propriétaire permettait aux Basques de faire usage de la particule dans leurs appellations, comme on peut s'en assurer par la lecture des actes publics et notamment des actes notariés (1). L'histoire est favorable à la même solution, quand elle nous montre, en 1667, le sieur de Pelot, commissaire délégué pour rechercher et punir les usurpateurs de la noblesse dans la Guyenne, poursuivant d'abord des Souletins qui en

---

(1) Nous avons pu nous en assurer personnellement par des recherches effectuées dans les archives de l'étude de M⁰ Ritou, notaire à Hasparren (Labourd).

faisaient un apparent abus et terminant à l'instant ses poursuites, dès que le texte des privilèges de ce peuple lui avait été présenté par le syndic général (1).

Il est néanmoins indiscutable que, si les Basques pouvaient être considérés comme nobles par comparaison aux peuples voisins, cette noblesse étant générale chez eux, ne pouvait leur procurer aucun prestige dans leurs relations intérieures. C'est dans ce sens que nous conviendrons, avec M. de Lagrèze, que l'égalité régnait, au moyen âge, parmi les Basques. Le même principe ressort de la coutume de Soule, quand elle nous dit : « En vertu de la coutume observée et gardée de toute ancienneté, tous les gens de ce pays sont francs et de franche condition, sans tâche de servitude » (traduit du patois. Soule, I, 1). Le droit public des Basques est original en cela et tranche, par sa haute conception, sur le droit public pratiqué en France à la même époque.

Pourtant, comme nous l'avons reconnu, la féodalité a fait son apparition dans le pays basque, et le jurisconsulte Polverel nous explique comment elle a pu s'y introduire sans porter atteinte aux dispositions particulières du droit indigène. C'est que pour former des fiefs et arrière-fiefs, il suffit d'avoir des terres à donner. Le Roi et ses sujets en avaient. Or, la hiérarchie qu'on peut établir entre plusieurs domaines se répète entre leurs détenteurs, et de cette façon, au point de vue des personnes, l'organisation féodale se trouve constituée : « Tout infunçon

(1) Ces privilèges sont énumérés dans le titre I de la coutume souletine.

qui a un héritage libre, dit l'ancien for, et qui, avec cet héritage, veut faire des coillazos ou des villains (c'est-à-dire donner son héritage à la charge d'une rente annuelle ou d'une portion de fruits) aura sur ses coillazos ou sur ses villains le même droit que le Roi et les autres seigneurs sur les leurs » (1). De là, l'existence dans le pays basque de cette noblesse particulière dont les membres s'appelaient ricombres, infançons, cavers ou cavaliers, etc..... De là aussi l'existence de cette classe inférieure de tenanciers connus en Soule sous le nom de « botoys » ; en Basse-Navarre, sous le nom de « villains, coillazos, pecheros » suivant la redevance ou le tribut qu'ils avaient à payer (2).

Cette organisation, basée sur le droit féodal, se trouvait englobée dans l'organisation toute différente de la société indigène, de telle manière qu'on peut comparer leur situation respective à celle de deux cercles concentriques, en géométrie. Le droit féodal des personnes s'introduisit en effet dans la société basque et put prendre de l'extension au détriment de cette dernière ; mais, comme on l'a vu, elle n'apporta aucune modification à son organisation intérieure, qui continua à exister indépendamment, quoique dans une étendue nécessairement plus restreinte. L'article 3, titre I de la coutume de Soule, vient confirmer cette opinion, quand il fixe au chiffre de huit cents le nombre de feux ou maisons qui payaient la taille dans cette province.

(1) Polverel. *Mémoire à consulter......*, page 248.
(2) Polverel, id., page 249.

Telle est la solution que comporte, à notre avis, la question de savoir si la féodalité a existé chez les Basques ; l'étude de leur droit coutumier ne peut pas, d'après nous, laisser subsister de doute sur l'affirmation. L'état des choses que nous venons de retracer existait encore dans ses parties essentielles, à la veille de la Révolution. Mais, dans les derniers temps de l'ancien régime, il avait été l'objet de nombreuses tentatives de transformation de la part du pouvoir, et ces tentatives, si elles furent parfois infructueuses, n'en eurent pas moins un résultat préjudiciable pour le droit public des Basques, qui commençait à s'altérer quelque peu. Il est à remarquer aussi que, dans les dernières années, les attaques de la monarchie s'adressaient le plus souvent à un double privilège dont la jouissance était spécialement reconnue aux Basques, c'est-à-dire leurs immunités fiscales et leurs franchises commerciales.

III. — FIN DE L'ANCIEN RÉGIME
(DE 1594 A 1789)

L'avènement d'Henri III de Navarre au trône de France, sous le nom d'Henri IV, n'amena aucune transformation, pendant son règne, dans la condition des Basques. Quand il n'était encore que Roi de Navarre, en 1582, Henri IV avait eu déjà occasion de venger des attaques du fisc le privilège de l'allodialité des terres dont jouissaient les Bas-Navarrais, en désavouant et en annulant une saisie faite en son nom par les sieurs de Lamothe et du Fresche, fermiers du fisc (1).

Après son avènement, il ne voulut pas prononcer l'union de la Navarre à la France et, dans un édit du mois de juillet 1607, il n'incorpora au domaine que les *duchés, vicomtés, baronnies* et *autres seigneuries* qui lui appartenaient. L'opinion publique en Basse-Navarre n'était pas d'ailleurs favorable à l'union, et c'est malgré les protestations des États qu'elle fut réalisée, sous Louis XIII, par un édit rendu à Pau au mois d'octobre 1620. « Mais il déclara, dit Polverel, que c'était sans déroger aux fors, franchises, libertés, privilèges et droits appartenans aux sujets du dit royaume de Navarre que nous voulons leur être inviolablement gardés et entretenus : ce sont les termes de l'édit. » (2).

Il est à remarquer que l'édit de 1620, en portant confirmation des fors et privilèges des Bas-Navarrais, constituait lui-même une violation de ces fors, puisque le Roi, qui ne pouvait exercer le pouvoir législatif qu'avec le concours des États, avait rendu l'édit en question sans les consulter, et même en dépit de leurs protestations. Ce n'est pas la seule faute dont Louis XIII se soit rendu coupable envers les Bas-Navarrais. Par lettres patentes du 14 mars 1608, des commissaires avaient été désignés pour rédiger la coutume de Basse-Navarre. Cette rédaction parut au début du règne de Louis XIII, et les États de Navarre se plaignirent aussitôt de ce qu'on en eût retranché

(1) Polverel. *Mémoire à consulter*....., page 285.
(2) Polverel, id., page 145.

« plusieurs des plus importants articles, au grand préjudice des anciens privilèges et règlements du royaume de Navarre, sur lesquels les habitants de la Navarre avaient vécu de temps immémorial » (1). Sans égard à ces remontrances, Louis XIII, par lettres patentes du mois d'avril 1611, confirma simplement cette rédaction incomplète de la coutume Bas-Navarraise et décida qu'elle servirait désormais de loi aux sujets de ce royaume. Cette rédaction frauduleuse avait eu pour principal auteur Auguste Galland, procureur du domaine de Navarre, qui écrivit bientôt après un traité contre le franc-alleu, ouvrage méprisé par les contemporains, dit Polverel, pour la mauvaise foi qui l'inspirait. Il n'y a pas à s'étonner par suite si les coutumes de la Soule et du Labourd reproduisent plus fidèlement parfois l'esprit du véritable droit indigène basque.

Depuis Louis XIII, les rois de France, à leur avènement, ont toujours juré aux Bas-Navarrais « de les entretenir et conserver dans tous leurs fors, privilèges et libertés » (2). Mais ce serment ne fut pas toujours respecté par ceux qui le prêtèrent et les Bas-Navarrais, de même que leurs frères du Labourd et de la Soule, eurent à se défendre souvent contre les abus du despotisme royal.

Le règne de Louis XIV démontra aux Basques ce qu'était la monarchie absolue rigoureusement appliquée, à tel point que les Bas-Navarrais, à plusieurs reprises, se virent forcés de rappeler au grand

---

(1) Polverel, *Mémoire à consulter....*, page 232.
(2) Polverel. id., page 145.

monarque les principes de leur droit constitutionnel, en lui disant que chez eux le Roi n'était « que la créature de ses sujets » (1).

Les franchises commerciales des Basques reçurent une grave atteinte, en 1664, par l'établissement du tarif uniforme dans toute la France. Cette mesure ne laissait aux provinces basques que la ressource d'être comprises parmi les provinces réputées étrangères. On leur supprimait de la sorte la libre circulation des marchandises, dont elles jouissaient auparavant, et les commerçants basques furent réduits désormais à acquitter les droits de douane ou à les éluder par la contrebande.

En 1671, l'enrôlement des matelots, ordonné par Colbert, provoqua un soulèvement parmi les Labourdins. Le comte de Guiche, envoyé à Saint-Jean-de-Luz pour rétablir le calme, était frappé du refus des Basques de servir dans les compagnies maritimes de l'Etat, quand ils étaient par ailleurs renommés pour être d'intrépides navigateurs. Sans doute, le comte connaissait mal des gens qui, cependant, étaient presque ses compatriotes, pour ne pas attribuer cette révolte à ce besoin démesuré d'indépendance qui est caractéristique chez les Basques. On ne peut expliquer différemment la sévérité de ses jugements sur les Labourdins, quand il les appelle « des gens toujours fols et souvent ivres » ou bien « des hommes plus légers de la teste que des pieds » (2).

(1) Francisque Michel. *Le pays basque*, page 115.
(2) De Lagrèze. *La Navarre française*, tome II, page 24.

Les successeurs de Louis XIV ne mirent pas moins d'animosité que lui à vouloir détruire les privilèges des Basques. En 1750, l'établissement de l'impôt sur le tabac provoqua de nouveaux troubles à Hendaye, Cibourc, Saint-Jean-de-Luz, Urrugne, et c'est probablement à cette occasion que les notables de l'Arberoue adressèrent aux Etats du pays une pétition qui commençait par cette phrase étrange : « Parmi les choses nécessaires à la vie de l'homme, le tabac prend la première place » (1). Il fallait certainement que les Basques fussent bien fanatiques ou de la pipe ou du privilège, peut-être même de tous les deux, pour manifester ouvertement une telle aberration d'esprit.

Sous le règne de Louis XVI, les fermiers généraux travaillèrent de leur mieux à restreindre les franchises du Labourd. Leurs manœuvres furent la cause d'une nouvelle émeute qui éclata en 1784 et fut si violente qu'elle nécessita un transport de troupes à Hasparren. Un contemporain nous raconte plaisamment, à ce sujet, que les fonctions de major auprès des révoltés étaient remplies par une femme. On mit fin aux troubles d'une façon assez singulière, par la confiscation des cloches dont les sonneries servaient à provoquer les rassemblements. Les habitants de Hasparren furent tellement sensibles à cette privation qu'ils préférèrent renoncer à leurs franchises plutôt qu'à leurs sonneries paroissiales. Mais le 4 juillet de la même année, Louis XVI, plus éclairé sur le droit des Basques aux privilèges,

(1) De Lagrèze. *La Navarre Française*, tome II, page 203.

rendit des lettres patentes pour restituer aux villes de Saint-Jean-de-Luz et de Bayonne les libertés commerciales dont elles jouissaient auparavant (1).

Vers la même époque, afin de pourvoir aux exigences du fisc, l'administration des domaines contestait aux Bas-Navarrais le plus important de leurs privilèges, celui de l'allodialité de leurs terres. Le jurisconsulte Polverel fut chargé de leur défense, qu'il dirigea avec une énergie et une conviction qui se lisent à toutes les pages de son merveilleux mémoire.

Dans un but analogue, l'administration des domaines cherchait à introduire en même temps dans le Labourd les droits de franc-fief et de nouvel acquêt, ce dont les habitants se plaignaient, disant que cette façon d'établir de nouveaux droits était contraire aux privilèges du pays, pour n'avoir pas été précédée de la délibération et du consentement du Bilzar ou assemblée des anciens (2).

C'est ainsi que les plus beaux parmi les privilèges dont jouissaient les Basques tendaient à disparaître vers la fin de l'ancien régime. On ne peut cependant pas reprocher aux Basques d'avoir subi, sans protester, les innovations qu'on cherchait à leur imposer. L'histoire du XVIIIe siècle nous les montre en révolte à tout instant, et si d'ordinaire leurs revendications étaient systématiquement repoussées, c'est qu'ils étaient en trop petit nombre pour les faire agréer de force par le gouvernement.

(1) Isambert. *Recueil général des anciennes lois françaises*, tome xxvii, page 431.
(2) *Mémoire sur le franc-fief en Labourd.*

Ils ne négligeaient pas par ailleurs l'emploi de mesures pacifiques pour le maintien de leurs immunités. Tandis qu'autrefois les ricombres étaient chargés de veiller à leur conservation, et qu'en Navarre même ils prêtaient serment, à chaque avènement, de protéger le peuple et ses libertés contre les abus du pouvoir royal, c'était l'institution du syndicat qui était chargée, dans les derniers temps, de sauvegarder les intérêts du peuple basque. Le for de Basse-Navarre nous dit à ce sujet :

« Si les syndics du présent royaume s'aperçoivent qu'il a été attenté contre les libertés, fors et coutumes du royaume, ils doivent s'y opposer, insister, discuter et alléguer tout ce qui sera nécessaire pour leur maintien, dénoncer le grief sans réquisition de personne et sans attendre autre mandement, et ils interviendront à toutes les audiences de la chancellerie dans le parquet où ils auront leur commode siège ». (Traduit du patois. — Basse-Navarre, VII, 7).

Quiconque s'aperçoit d'une violation quelconque de la coutume a le droit de mettre le syndicat en mouvement :

« Et en cas que quelqu'un prétende qu'il a été porté atteinte aux libertés, fors et coutumes du royaume, il s'en remettra aux syndics qui se joindront en la cause, soit en demandant, soit en défendant, s'ils jugent que faire se doit ». (Id., Basse-Navarre, VII, 8).

Les syndics étaient désignés, d'après la coutume, par le suffrage universel, et les magistrats subalternes étaient, chacun dans sa juridiction, chargés du soin de réunir les électeurs. (Basse-Navarre, vii, 9).

Ainsi nommés, les syndics étaient les mandataires ou les fondés de pouvoirs du peuple, ce que l'avocat de Mariâ nous dit dans les termes suivants : « Ils sont, à l'égard des corps et communautés qui les nomment, ce que les procureurs sont à l'égard des particuliers qui les constituent » (1).

Le syndicat rendait de réels services au pays basque et les habitants de Baïgorry, entr'autres, durent à l'énergie de leur syndic, Jean Harispe, père du célèbre maréchal, d'échapper aux droits seigneuriaux de la féodalité qu'un marquis d'Echaux voulait imposer à la vallée.

Malgré toutes ces garanties, les Basques étaient trop faibles pour résister aux mesures arbitraires que prenait le gouvernement à leur égard, et leur droit public, si brillant au moyen âge, s'acheminait vers une décadence complète, quand la Révolution vint brusquer subitement l'évolution sociale à laquelle tendaient depuis quelque temps les aspirations de certaines classes de la société française.

Les trois provinces basques eurent une représentation distincte dans la réunion des États-Généraux de 1789 (2). Mais dès que celle-ci s'érigea en Assem-

(1) *Mémoires et éclaircissements sur le for et coutumes de Béarn*, page 43.
(2) On peut voir la liste des députés basques dans les premières pages des *Archives parlementaires de 1787 à 1860*, première série, tome viii, Paris, 1875. Sur les douze députés, nous citerons spécialement Garat, député du Labourd, qui fut chargé d'annoncer à Louis XVI, dans sa prison, la nouvelle de sa condamnation à mort.

blée constituante, les députés Bas-Navarrais cessèrent d'en faire partie, en disant : « Quand la France aura établi ou recouvré une constitution aussi bonne ou meilleure que celle de la Navarre, il est vraisemblable que la Navarre désirera d'être incorporée au royaume de France.... Mais, tant que la France n'aura pas de constitution, tant qu'il est incertain si elle en aura une bonne, la Navarre, pour conserver la sienne, doit désirer de n'être pas unie à la France » (1).

La Révolution de 1789 n'offrait peut-être pas la même importance pour le pays basque que pour le reste de la France. Si l'on considère les résultats de cette Révolution au point de vue du droit public des personnes, on est tenu de convenir que les Basques n'en étaient pas aussi éloignés que leurs voisins de France. En effet, les privilèges dont ils jouissaient au moyen âge n'étaient en réalité que la proclamation des droits consacrés par la nature au profit de l'homme, et cette dénomination trompeuse de « privilège » n'avait sa raison d'être que par la comparaison des Basques aux habitants des autres provinces françaises, chez qui ces mêmes droits étaient exclusivement réservés à la noblesse, au détriment des autres classes de la société.

Le droit public des Basques, avant la Révolution, était basé sur la souveraineté du peuple ; il admettait l'égalité de tous devant la loi et leur égale participation aux avantages reconnus par le for en faveur du peuple basque ; le servage n'était pas

_____
(1) *La Navarre Française*, tome I, page 321.

prévu dans les dispositions du véritable droit indigène. En somme, en réservant ce que nous avons déjà dit au sujet de l'introduction chez les Basques des lois de la féodalité, qui constituèrent une réglementation distincte, quoique confondue dans les textes du véritable droit national, et applicable séparément à une certaine partie de la population, nous terminerons en disant que les réformes apportées par la Révolution de 1789 dans la condition publique des personnes, n'eurent guère d'importance pour le pays basque, où leur nécessité se faisait sentir bien moins que partout ailleurs.

CONCLUSION

Que reste-t-il aujourd'hui au peuple basque de tous ces traits d'originalité que nous a révélés son histoire ? Sans doute, il a beaucoup perdu de son antique physionomie, mais il possède encore un cachet qui lui est absolument propre, et, tel que nous l'avons pris sur le seuil des temps préhistoriques, il se retrouve actuellement très reconnaissable à plusieurs points de vue. Sa race existe, pure de tout mélange, dans une proportion de 41 0/0 chez les Basques Français et avec une altération plus ou moins grande chez le reste de la population. Son idiome, l'*Eskuara*, est parlé par sept ou huit cent mille personnes, en France et en Espagne, et une bonne partie d'elles, surtout en France, n'en connaît pas d'autre. C'est dans la campagne, comme on le devine, que se conserve le mieux l'Eskuara, et c'est au clergé basque que revient principalement le mérite de préserver de l'oubli cet antique et curieux idiome. On peut ajouter, d'après certains traits que nous citent les historiens de l'antiquité, que les Basques ont conservé leurs mœurs d'autrefois. La tradition joue en effet un grand rôle dans leur histoire ; le grand âge jouit d'une touchante considération chez eux, et ils accordent volontiers créance au dire des anciens, suivant le dicton :

Zahar hitzak, Zuhur hitzak.
Paroles de vieux, paroles sages.

Le Basque, dans ses moments de gaîté, poussera volontiers le cri de ses pères, l'*Irrintzina*, que la tradition fait remonter jusqu'au temps des invasions romaines. Il est assez curieux, les soirs de fête ou de marché, d'entendre ce cri aigu et prolongé, exprimant successivement, en deux ou trois notes, la détresse et l'ironie, au point d'inspirer des craintes à l'étranger qui n'en a pas l'habitude. Souvent, un *irrintzina*, poussé au sortir de l'auberge, en provoquera un autre à quelque distance de là, et les deux champions se répondront de la sorte jusqu'à leur rencontre, qui se terminera par une poignée de mains, si ce sont des amis, et par des coups de *makila*, dans le cas contraire. C'est même parfois en correctionnelle que l'affaire aura son dénouement, car ce bâton de néflier garni de cuivre, qu'on appelle le *makila*, est une arme redoutable entre les mains du paysan basque qui s'en sert d'ordinaire avec beaucoup d'adresse et très peu de ménagement.

Du droit basque ancien on ne trouve aujourd'hui que de faibles survivances, la fusion politique achevée par la Révolution de 1789 ayant définitivement soumis les Basques à la nation française et à sa législation.

En droit privé, la condition des personnes chez les Basques est réglée par le Code civil. Toutefois, il faut reconnaître que le vieux droit indigène tenait dans le pays par de profondes racines, ou que la tradition qui nous l'a transmis était bien puissante, car il s'est perpétué jusqu'à nos jours dans la mesure du moins où il n'était pas incompatible avec les dispositions du Code. C'est ainsi que, dans la famille basque moderne, on retrouve une dégénérescence de l'ancien droit d'aînesse sans distinction de sexe, dans l'attribution que font les parents de la quotité disponible de leur succession à l'aîné de leurs enfants, garçon ou fille (1). Le désir d'assurer la prospérité de la maison natale décide les parents à avantager de la sorte l'aîné mâle ou femelle des enfants, c'est-à-dire celui qui d'ordinaire contractera mariage le premier. De pareilles donations se font quelquefois par testament, mais normalement par contrat de mariage, ce qui peut être attesté par les officiers ministériels qui reçoivent ces sortes d'actes. La dénomination distinctive d'*Etcheko-premua*, pour les garçons, celle d'*Anderegeia*, pour les filles, désigne dès le bas-âge l'aîné des enfants dans une famille de propriétaires. De même la maîtresse de maison, *Etcheko-anderea*, jouira d'une considération égale à celle de l'*Etcheko-jaun* ou maître de maison, ce qui relie directement le droit de famille moderne au droit de famille basque du moyen âge. On voit couramment de nos jours, quand l'héritière d'une maison se marie, l'époux dotal, qui vient habiter sous son toit, quitter, dans ses relations habituelles, son véritable nom de famille, pour prendre celui du domaine sur lequel il doit vivre désormais, ce qui est également une survivance de l'ancien droit. La suprématie domestique, dont le droit coutumier basque gratifiait l'héritière d'une maison, persiste aujourd'hui, avec

---

(1) Il n'est pas rare de voir les parents dépasser même, dans ce cas, les mesures de la quotité disponible au moyen de donations par dessous main qu'ils font à l'aîné des enfants.

quelque atténuation, dans les ménages de laboureurs. On a voulu opposer à cet usage un trait de mœurs qui est frappant chez les Basques : c'est que la femme, dans les maisons de la campagne, n'a pas sa place à table, à côté du mari ; elle sert ce dernier et ne prend le plus souvent ses repas qu'après lui. Ce fait ne dénote nullement un acte de despotisme marital, comme on a pu le dire. Il ne faut y voir, d'après nous, qu'une conséquence logique du rôle joué par la femme dans un intérieur rustique, où elle vaque par elle-même à la préparation des repas et au service de la table. Il est d'ailleurs remarquable que souvent le mari et la femme ne se tutoient pas chez les Basques, ce qui est une preuve de la déférence qu'ils ont l'un pour l'autre.

L'ancien droit public des Basques n'a pas laissé de vestiges dans les temps modernes. Les fors ont été définitivement rayés de leur législation, qui n'est aujourd'hui que celle de tous les Français, et leur situation politique peut se résumer en disant qu'ils en sont réduits à ne plus être que le tiers d'un département. L'antique fierté des Basques n'a pas cependant sombré en entier avec leur autonomie. Elle s'est conservée dans les mœurs, comme le témoigne cette dignité de caractère qui élève chez eux le dernier des laboureurs au niveau de ses frères plus favorisés par la fortune. Ce remarquable besoin d'indépendance, par lequel se sont toujours distingués les Basques, se constate aussi dans l'isolement de leurs blanches maisons éparpillées dans la campagne. C'est encore à un sentiment analogue qu'on attribue cet entêtement des Basques à vouloir se soustraire aux charges du service militaire. Car ce serait une erreur de croire que le Basque est rebelle par sa nature au métier des armes. Dans l'antiquité, les Basques furent de vaillants guerriers. Dans les temps modernes, il a existé un régiment basque, le Royal-Cantabre, formé en 1745 à la demande du chevalier de Béla, qui en fut colonel. Sous la Révolution et le premier Empire, les bataillons de chasseurs basques, sous la direction du maréchal Harispe, rendirent les plus grands services. A une époque plus récente, à l'occasion des guerres carlistes, les Basques Espagnols ont su montrer qu'ils n'avaient rien perdu de cette « férocité » guerrière qui faisait l'étonnement des Romains. Aujourd'hui que les exigences du service militaire obligent les Basques Français à servir dans les troupes nationales, on en voit un certain nombre déserter. Mais il faut ajouter, à leur décharge, que la complète ignorance de la langue française influe sur la détermination de beaucoup de jeunes conscrits basques et tenir compte, aussi, de cet appât du gain que des agents d'émigration intéressés exploitent souvent chez les naïfs paysans des Pyrénées.

A part ces considérations, nous pourrions en alléguer d'autres, pour démontrer que le peuple basque moderne a conservé, dans une large mesure, l'originalité inhérente à sa race. Nous ne pourrions le faire qu'en dépassant les bornes de notre programme, et nous terminerons par la citation d'un proverbe basque, qui dit :

Lehen hala,
Orai hola,
Gero ez jakin nola (1).

Telle est, en effet, la conclusion que le Basque, dans sa philosophie, doit retirer de son histoire. Les plus grandes vicissitudes ne lui ont pas enlevé ce cachet d'antiquité qui l'a suivi à travers les âges. Bien d'autres l'ont remarqué avant nous, mais leurs assertions sur ce point ont été se heurter fréquemment à une objection générale : c'est que les Basques, dans leur histoire, n'ont jamais rien été par eux-mêmes. Si on veut entendre par là que les Basques n'ont pas cherché à étendre leur domination sur les peuples voisins et à jouer un rôle plus ou moins brillant dans l'histoire européenne, nous répondrons qu'ils ne pouvaient agir que très sagement en mesurant leurs ambitions à leur petit nombre. Les Basques, d'ailleurs, ont toujours été moins avides de gloire que d'indépendance. Ils ont maintenu à l'écart tous les étrangers, Phéniciens, Celtes, Carthaginois, Romains, Goths, Musulmans,

---

(1) Autrefois comme cela,
Aujourd'hui comme ceci,
Après, on ne sait comme.

Cette maxime était reproduite dans une inscription sur la porte d'entrée de la demeure du chevalier de Béla, colonel du Royal-Cantabre. Le chevalier de Béla écrivit une *Histoire des Basques*, dont la publication fut interdite par la censure, en 1766. Le bénédictin Sanadon, plus tard évêque constitutionnel de Lescar, s'en est inspiré dans son *Essai sur la noblesse des Basques*. Béla, colonel du Royal-Cantabre, devait être, sans doute, un descendant du jurisconsulte Béla, qui écrivit, au XVIIe siècle, un commentaire de la coutume de Soule.

qui ont essayé de les subjuguer. C'est d'abord à cet isolement complet et ensuite à leur autonomie presque entière, sous la domination des Français, qu'ils sont redevables de la persistance, au milieu des plus grandes difficultés, de leur type primitif, de leur idiome, de leurs mœurs et de leur droit antique. De la sorte, s'ils n'ont rien été par eux-mêmes, on peut dire du moins, à leur avantage, qu'ils ont toujours été Basques, qu'ils ont été eux-mêmes. Quels sont les peuples qui pourraient en dire autant ?

Fin.

BIBLIOGRAPHIE

Archives parlementaires de 1787 à 1860, première série, tome VIII, Paris, 1875.

ASTARLOA (Abbé DE). — Apologia de la lengua bascongada, ó ensayo critico, filosofico de su perfeccion y antigüedad sobre todas las que se conocen, Madrid, 1803.

ANCRE ('DE L'). — Tableau de l'inconstance des mauvais anges et démons, où il est amplement traicté des sorciers et de la sorcellerie, Paris, Nicolas Buon, 1612.

BACHOFEN. — Das mutterreicht, Stuttgard, 1861.

BAUDRY-LACANTINERIE. — Précis de droit civil, tome I, Paris, 1891.

BÉLA (Chevalier DE). — Commentaire manuscrit de la Coutume de Soule (composée vers 1660).

BELLIN. — Description géographique de la Guyane, Paris, 1759.

BLADÉ. — Etudes sur l'origine des Basques, Paris, 1869.

ID. — Défense des Etudes sur l'origine des Basques.

BLANC SAINT-HILAIRE. — Les Euskariens ou Basques, le Sobrarbe et la Navarre, Paris, Lyon, 1888.

BONAPARTE (Prince Louis-Lucien). — Le verbe basque accompagné de notes grammaticales, selon les huit dialectes de l'Eskuara, avec les différences de leurs sous-dialectes et variétés, Londres, 1869.

CŒSAR. — De bello civili.

CHAHO. — Voyage en Navarre, Paris, 1836.

CHARLEVOIX (Père P.-F.-X. DE). — Histoire du Paraguay, Paris, 1759.

COLLIGNON (Docteur). — La race basque, dans l'*Anthropologie, paraissant tous les deux mois*, 1894, tome V, n° 3, Mai-Juin.

CORDIER. — De l'organisation de la famille chez les Basques, Paris, 1869.

Coustumes générales du pays et vicomté de Sole, Bordeaux, 1760.

Coutumes générales gardées et observées au païs et bailliage de Labourt et ressort d'icelui, Bordeaux, 1760.

Coutumes générales et particulières de la ville et pré ôté d'Acs, Bordeaux, 1760.

Coutumes générales et locales de la ville, prévôté et siège de St-Sever, Bordeaux, 1760.

Coutumes générales de la ville et cité de Bayonne, Bordeaux, 1760.

Duvoisin. — Origine des Basques, dans le *Bulletin de la Société des sciences, lettres et arts de Pau*, 1841-42.

Duvoisin. — De la formation des mots dans la langue basque, dans le *Congrès Scientifique de France*, Pau, 1873.

Frédégaire. — Chroniques (en latin du VI° siècle).

Grégoire de Tours. — Historiæ ecclesiasticæ Francorum (en latin du VI° siècle).

Fors et Costumas deu royaume de Navarre deça-parts avec l'estil et aranzel deudit royaume, Pau, 1722.

Guizot. — Essais sur l'Histoire de France, Paris, Didier, 1858.

Humboldt (Baron de). — Recherches sur les habitants primitifs de l'Espagne à l'aide de la langue basque, Paris, 1866.

Iharce de Bidassouet (Abbé d'). — Histoire des Cantabres ou des premiers colons de toute l'Europe, Paris, 1825.

Inchauspé (Abbé). — Le Verbe basque, Bayonne, Lamaignère, 1858.

Isambert. — Recueil général des anciennes lois françaises, vol. 27, Paris, 1827.

Jullian. — Inscriptions romaines de Bordeaux, 2 vol., Bordeaux (1890).

Juvénal. — Satyrarum, libri V.

Laferrière. — Histoire du droit français, 1848-58, 6 vol. in-8.

Lafuente. — Historia general de España, Madrid, 1861-66, 15 vol. in-8.

Lagrèze (de). — La Navarre Française, 2 vol., Paris, 1881-82.

Loysel. — Institutions coutumières (XVIII° siècle), édition revue et corrigée par MM. Dupin et Laboulaye, Paris, 1846.

LEGRAND D'AUSSY. — Fabliaux et Contes, Paris, 1829.

MAZURE et HATOULET. — Fors de Béarn, législation inédite du 12e au 15e siècles, Pau, 1846.

MARCO POLO. — Peregrinatio Marco Poli (en latin du XIVe siècle).

MARIA (DE). — Mémoires et éclaircissements sur le for et coutumes du Béarn (copie manuscrite de Jean-François de Cazenave, du lieu de Licharre, 1771).

Mémoire sur le franc-fief en Labourd (manuscrit anonyme de la fin du XVIIIe siècle).

MICHEL (Francisque). — Le Pays Basque, Paris, 1857.

NOGUÈS. — La coutume de Barèges conférée avec les usages ou coutume non écrite du pays de Lavedan, etc., 1760.

OIHENART (Marquis d'). — Proverbes basques (XVIIe siècle), Bordeaux, éd. 1847.

ID. — Notitia utriusque Vasconiæ tum Ibericæ tum Aquitanicæ, Paris, 1637.

POLVEREL. — Mémoire à consulter et consultation sur le franc-alleu du royaume de Navarre, Paris, 1783.

RECLUS (Elisée). — Nouvelle Géographie universelle, tome II, Paris, 1879.

SANADON. — Essai sur la noblesse des Basques, Pau, 1785.

SOUTHEY. — History of Brazil, London, 1810.

STRABON. — Géographie, édition Thomas Falconer, 1807.

TACITE. — Historiarum quinque libri.

TITE-LIVE. — Histoire romaine.

WILKEN (Docteur G.-A.). — La Couvade chez les peuples de l'Archipel Indien, dans l'*Anthropologie paraissant tous les deux mois*, 1891, tome V, n° 3, Mai-Juin.

TABLE DES MATIÈRES

	PAGES
INTRODUCTION	3
I. — Origine des Basques	7
II. — Leur langue	19
III. — Leur histoire	21
GÉNÉRALITÉS SUR LE DROIT COUTUMIER DES BASQUES	35
CHAPITRE I. — Droit Antique	41
I. — Le Matriarcat	41
II. — La Couvade	49
CHAPITRE II. — Moyen Age. — Condition des Personnes en Droit Privé	59
I. — Remarques générales	59
II. — Le mariage	62
III. — Le droit d'aînesse	66
IV. — La puissance paternelle	81
V. — L'autorité maritale	91
VI. — La tutelle et la curatelle	95
CHAPITRE III. — Moyen Age. — Condition des Personnes en Droit Public	99
I. — La Monarchie Navarraise jusqu'en 1594 (Le Roi et le Peuple)	100
II. — Les Basques et la Féodalité	110
III. — Fin de l'ancien régime (de 1594 à 1789)	121
CONCLUSION	131

www.ingramcontent.com/pod-product-compliance
Lightning Source LLC
Chambersburg PA
CBHW071727090426
42738CB00009B/1904